WÖRTERBUCH

BAND III
Q - Z

Erläuterungen zu Begriffen aus den Bereichen
Physik, Chemie, Biologie, Psychologie, NLP,
Psychotherapie, systemische Arbeit, Religion
u.e.m.

zusammengestellt von
Thomas A. M. Windelschmidt

WÖRTERBUCH

BAND III
Q - Z

Erläuterungen zu Begriffen aus den Bereichen Physik, Chemie, Biologie, Psychologie, NLP, Psychotherapie, systemische Arbeit, Religion u.e.m.

zusammengestellt von
Thomas A. M. Windelschmidt

Impressum

Umwelthinweis

Dieses Buch und der Schutzumschlag wurden auf chlorfrei gebleichtem Papier gedruckt. Die Einschrumpffolie zum Schutz vor Verschmutzung ist aus umweltfreundlichem und recyclingfähigem PE-Material.

Bibliografische Information der Deutschen Nationalbibliothek

Die Deutsche Nationalbibliothek verzeichnet diese Publikation in der Deutschen Nationalbibliografie; detaillierte bibliografische Daten sind im Internet über www.dnb.de abrufbar.

Autor:

Thomas A. M. Windelschmidt

www.omniatherapie.de / www.omniavision.de

Verlag

Deutscher Verlag für Bildung, Wissenschaft und Forschung, Eppingen

Umschlagfoto: © Pixabay

Erstauflage 2019

Printed in Germany

ISBN Hardcover	978-3-96565-052-7
ISBN Paperback	978-3-96565-053-4
ISBN Epub	978-3-96565-054-1
ISBN Mobi	978-3-96565-055-8

Dieses Wörterbuch wurde nur für Sie zusammengestellt.

Inhaltsverzeichnis Band III

Liebe Leserin, lieber Leser,

meine Bücherreihe ist von mir in möglichst einfachen Worten formuliert worden, damit man den Inhalt auch ohne medizinische Ausbildung oder Heilpraktiker-Kenntnisse verstehen und nachvollziehen kann. Leider muss man aber an einigen Stellen auf Fachbegriffe zurückgreifen, für die es z.T. keine simple Alternative gibt. Dazu erscheint es mir sinnvoll, Begriffe, die man eventuell für eindeutig erachtet, die aber aus verschiedenen Blickwinkeln betrachtet und gedeutet werden können, zu definieren oder zumindest die gemeinte Bedeutung zu erläutern.

Das nachfolgende Buch ist auf vielfachen Wunsch entstanden und lediglich als Anhang zu meiner Bücherreihe gedacht. Es beinhaltet Begriffe und Definitionen, die in meinen Büchern Verwendung finden. Der Anhang wird voraussichtlich mit der Veröffentlichung weiterer Büchern eine Ergänzung erhalten. Darum steht Ihnen immer eine aktuelle Variante kostenlos als pdf-Datei zum Download auf allen dazugehörenden Webseiten zur Verfügung. Eine Druckversion ist nur als „Ausweg" für diejenigen gedacht, die keine pdf-Datei ausdrucken können oder sich den Aufwand sparen möchten, nach Erläuterungen für die Begriffe, z.B. im Internet, zu suchen.

Die Definitionen und Erläuterungen werden z.g.T. aus der medizinischen Fachliteratur oder anderen Veröffentlichungen, z.B. Wikipedia, übernommen. Dies ist in diesen Fällen jeweils als Fußnote vermerkt, u.a. damit ein Prüfen der Inhalte oder das Vertiefen in die Inhalte und ergänzende Erläuterungen leicht möglich ist.

Die Erläuterungen und Beschreibungen müssen sich nicht mit meiner Meinung und Einschätzung decken. Ich habe ganz bewusst auf Umformulierungen oder Bemerkungen verzichtet, damit die Erläuterungen möglichst neutral gehalten bleiben. An einigen Stellen habe ich umgekehrt Meinungen und Bewertungen von Verfassern außen vorgelassen.

Ich wünsche Ihnen viel Spaß beim informativen Lesen und freue mich auf Ihre Anregungen und Fragen.

Herzlichst Ihr
Thomas A. M. Windelschmidt

17 Buchstabe Q

---

18 Buchstabe R

18.1 Radiästhesie

Radiästhesie (auch Radioästhesie; von lateinisch radius ‚Strahl' und griechisch αἴσθησις aisthesis ‚Sinneswahrnehmung') ist die Lehre von (möglichen) Strahlenwirkungen auf Organismen. Die Untersuchung der Strahlen und deren Auswirkungen geschieht mittels einer paranormalen Strahlenfühligkeit bzw. Strahlenempfindlichkeit, die feinfühlige Menschen nach Annahme ihrer Anhänger besitzen sollen.

Die Radiästhesie wird, wo sie wissenschaftlichen Anspruch erhebt, den Parawissenschaften oder Pseudowissenschaften zugeordnet. Abzugrenzen ist die Radiästhesie von der belegten und messbaren Wirkung ionisierender und teilweise auch nichtionisierender Strahlung auf Organismen.

Die Radiästhesie gliedert sich in zwei Teilgebiete:

- Die physikalische Radiästhesie untersucht materielle Objekte wie Minerale, Metalle, Pflanzen oder die Körper von Lebewesen. Sie geht davon aus, dass allen physikalischen Objekten Schwingungen zugrunde liegen. Einer der Mitbegründer der physikalischen Radiästhesie ist der Physiker Reinhard Schneider, der die Lecher-Rute entwickelte. Die Lecher-Rute, basierend auf der Lecher-Leitung, ist das Hauptinstrument der physikalischen Radiästhesie.

- Die mentale Radiästhesie untersucht alle feinstofflichen Phänomene wie z.B. Energiekörper oder so genannte „Fernwirkungen". Man findet noch die Bezeichnungen odische Radiästhesie (Untersuchungen der Aura) und psychische Radiästhesie (Untersuchungen der menschlichen Psyche), die heute aber zur mentalen Radiästhesie gezählt werden.

Die Radiästhesie befasst sich mit:

- physikalischen Objekten (z.B. Minerale, Metalle, Pflanzen)
- Wasseradern und Wasserquellen
- elektromagnetischen Feldern
- feinstofflichen Phänomenen (morphische Felder, Auren, Strahlensucher, Strahlenflüchter)
- Gitterstrukturen der Erde (Globalnetzgitter (GNG), Hartmann-Gitter, Curry-Netz, Benker-Kubensystem, Wittmannsche Polpunkte)
- radiästhetisch relevanten Lagerstätten
- geologischen Verwerfungszonen mit erhöhter ionisierender Strahlung

Das in der Radiästhesie eingesetzte Instrument ist die seit dem Mittelalter bezeugte Wünschelrute. Inzwischen werden auch andere Bauformen wie die Einhandrute (Tensor oder Nicker genannt) und die Lecher-Rute benutzt. Zum Einsatz kommen ebenfalls Siderische Pendel.

Der Vorgang der „Detektion" durch die aufgeführten Instrumente wird in der Radiästhesie als muten bzw. Mutung bezeichnet.

Mitte des 19. Jahrhunderts setzte der Wiener Neurologe und Universitätsprofessor Moriz Benedikt Wünschelruten zum Auffinden der von ihm postulierten „pathogenen Orte" ein.

1929 führte der deutsche Naturforscher Gustav Freiherr von Pohl das Konzept der Erdstrahlen ein, wobei er von unterirdischen Wasseradern ausging, die für Menschen, Tiere und Pflanzen schädliche Strahlung aussenden würden, die die Erdoberfläche durchdringe und von besonders begabten Menschen (Radiästheten) aufgespürt werden könne.

Zwischen 1930 und 1945 erreichte die „Strahlungssucherei" ihre Hochblüte, und der Abbé Alexis Timothée Bouly prägte in seinem um 1931 veröffentlichten Werk „La Radiesthésie ou comment devenir expert..." die Bezeichnung „Radiästhesie". Daneben wurde auch der Begriff „Geopathie" für die (noch nicht bewiesene) gesundheitsschädliche Wirkung bestimmter Orte eingeführt.

In den 1950er-Jahren erweiterte sich das „Strahlenspektrum" noch um die so genannten Globalnetzgitter (GNG). Man findet inzwischen auch die Bezeichnung Globalgitternetze mit der Abkürzung GGN.

Zwischen 1945 und 1951 beschrieb Siegfried Wittmann erstmals ein quadratisches Gitter, welches in NO-SW- und NW-SO-Richtung mit einem Linienabstand von rund 3,6 Metern verlaufen soll. Die bekannt gewordene Veröffentlichung stammte 1952 von Manfred Curry, der den Namen Wittmann allerdings nicht erwähnte. Daher wird dieses Gitter üblicherweise als Currygitter bzw. Currynetz bezeichnet. Eine ältere Bezeichnung ist auch Diagonalgitter.

Anton Benker postulierte 1953 ein kubisch räumliches Gittersystem, das die ganze Erdoberfläche und den darüber liegenden Raum in würfelförmige Felder im Abstand von zehn Metern aufgliedern soll. Dieses Gittersystem wird als Benker-Kubensystem bezeichnet und in der Radiästhesie als übergeordnetes System zum Hartmann-Gitter gesehen.

Seit der Publikation der Gitter existiert innerhalb der Radiästhesie bis heute eine kontroverse Diskussion, ob die Gitterlinien bzw. Gitterkreuzungen für Lebewesen schädlich sind oder nicht. Käthe Bachler lieferte dazu einen neuen Ansatz. Sie vertritt die Auffassung, dass es genüge, den so genannten guten Platz bzw. guten Ort (z.B. für Schlafplätze) zu bestimmen. Unter dem guten Platz ist ein räumlich eng begrenzter Bereich zu verstehen, der „strahlungsfrei" ist und so Erholung und Wohlbefinden garantieren soll.[159]

[159] https://de.wikipedia.org/wiki/Radi%C3%A4sthesie

18.2 Radionik

Die Radionik ist eine wissenschaftlich noch nicht belegte Heilmethode, die der Esoterik zugeordnet wird. Sie wird von ihren Anwendern auch als Energiemedizin oder auch der Informationsmedizin bezeichnet. Der Begriff „Radionik" bezieht sich nach dem Buchautor Edward Russell dabei auf die Annahme, dass der menschliche Organismus auf Radiowellen reagieren soll, die angeblich Träger aufmodulierter „Heilinformationen" sein sollen.

Die Radionik wurde von dem Pathologen Albert Abrams (* 1863 in San Francisco, † 1924) um 1920 in den USA begründet, damals noch unter dem Kürzel ERA (Electronic Reaction of Abrams).

Die Radionik geht wie auch andere auf postulierten Energieformen basierte Theorien von der Existenz eines feinstofflichen Energiefeldes um den Menschen aus, das je nach Quelle und Merkmalsschwerpunkt als „Aura", „Energiekörper", „Schwingungsfeld", „Biofeld", „Chakrensystem" oder „Lebensenergie" bezeichnet wird.

Es wird angenommen, dass die Krankheit zunächst durch eine Störung dieses Energiefeldes entstehe und deshalb schon nachgewiesen und geheilt werden könne, bevor sie körperlich erkennbare Symptome hervorruft. Da sich die Schwingungsmuster kranker Organismen in charakteristischer Weise von denen gesunder Organismen unterschieden, könne ein geübter Therapeut erfühlen, wann und wo das Energiefeld eines Menschen gestört ist.

Die behauptete Heilwirkung der Radionik besteht im Wesentlichen darin, Impulse zu erzeugen, die den Selbstheilungsprozess im System des Patienten anregen sollen. Dazu wird der zu Behandelnde schwachen elektromagnetischen Feldern ausgesetzt. Im Erfolgsfall sollen deren Schwingungen im Energiefeld eine Resonanz verursachen, die dazu führten, dass die Störungen verschwinden.

Heutige computerbasierte Systeme bestehen in der Regel aus einer einfachen Antenne („Diode"), die mit einer „Abschirmung gegen technische Strahlungsquellen" versehen sein soll und über eine Schnittstelle (oft in Form eines USB-Sticks) an einen Computer angeschlossen werden kann. Die Antenne soll zunächst anhand einer Haar- oder Speichelprobe vom Patienten dessen Energiefeld erfassen. Das Computerprogramm ermittelt aus den gewonnenen Daten die „Heilungsinformationen", die den therapeutischen Effekt erzielen sollen. Diese werden bei der anschließenden Behandlung als elektromagnetisches Wellenmuster meist in vom Therapeuten ermittelten Zeitintervallen wiederum über die Antenne an den Patienten gesendet.

Mittlerweile existieren zur radionischen Analyse und Therapie auch reine Softwaresysteme. Einige Radionik-Anhänger vertreten die Auffassung, dass ein Computer auch ohne spezielle Zusatzgeräte von den „biologischen Energiefeldern" in einer Weise beeinflusst werde und umgekehrt auch die „Energiefelder" beeinflusse, so dass es möglich sei, nur mit spezieller Software krankhafte Störungen im Energiefeld eines Menschen zu registrieren und zu beseitigen. Dieser

These steht entgegen, dass herkömmliche Computersysteme in ihrer Funktion jedoch nicht von schwachen elektromagnetischen Feldern beeinflusst werden.

Stand-Alone-Geräte, die ohne Computer auskommen, haben meist die Form einer Blackbox mit einer Anzahl von Schaltern, auf denen numerische Codes, die verschiedene Energiezustände repräsentieren sollen, angezeigt werden.

Skeptiker stufen die Ansichten der Radionik-Anhänger als Esoterik, die angeblichen Behandlungserfolge als Quacksalberei oder auch nur als einfachen Schwindel ein. Der Einfluss von Radiowellen auf Krankheitsprozesse per se wird wissenschaftlich untersucht, ohne dabei jedoch auf die als unwissenschaftlich betrachteten Thesen der Radionik zurückzugreifen.

Befürworter der Radionik berufen sich dagegen zum Beispiel auf Hypothesen und Theorien des britischen Biologen Rupert Sheldrake über morphische Felder. Vielfach werden auch Arbeiten zur Belebung von Wasser von Masaru Emoto, Bernd Kröplin und anderen zitiert. Die publizierten Ergebnisse dieser parawissenschaftlichen Untersuchungen waren jedoch nicht reproduzierbar, die Werbung mit unbelegten gesundheitsbezogenen Angaben des belebten Wassers ist in Deutschland und der Schweiz verboten.[160]

---

[160] https://de.wikipedia.org/wiki/Radionik

18.3 Reframing

Der Begriff Reframing (Umdeutung), seltener auch Neurahmung oder Referenztransformation, bezeichnet eine Technik, die aus der Systemischen Familientherapie bekannt wurde, und auf Virginia Satir zurückgeführt wird. Reframing wurde in seiner Hypnotherapie bereits von Milton H. Erickson angewandt. Im Neuro-Linguistischen Programmieren sowie in der Provokativen Therapie werden der Umdeutungsmethodik (Reframing) ebenso hoher Stellenwert gegeben.

Durch Umdeutung wird einer Situation oder einem Geschehen eine andere Bedeutung oder ein anderer Sinn zugewiesen, und zwar dadurch, dass man versucht, die Situation in einem anderen Kontext (oder „Rahmen") zu sehen. Die Metapher hinter dem Ausdruck geht darauf zurück, dass ein Bilderrahmen den Ausschnitt des Gesamtbildes definiert, wie dies auch jemandes Blickwinkel bzgl. der Realität tut. Rahmen bedeutet auch ein Konzept, was unsere Sicht eingrenzt. Verlassen wir diese geistige Festlegung, können neue Vorstellungen und Deutungsmöglichkeiten entstehen.

Einem in der Umdeutung geschulten Menschen ist es durch Kommunikation möglich, Szenen in einem anderen Blickwinkel (Rahmen) erscheinen zu lassen, sodass er es Beteiligten erleichtert, mit der Situation umzugehen.

Ein Beispiel hierfür ist die Umdeutung der Rolle als Opfer („Die Sucht überkommt mich einfach") in eine aktive Rolle, aus der heraus andere Entscheidungen als bisher getroffen werden können („Wie sehen die Situationen aus, in denen Sie sich dazu entscheiden, nun die Droge einzunehmen?").

Andere Beispiele sind die Umdeutung eines als negativ wahrgenommenen Verhaltens („Meine Mutter mischt sich ständig in mein Leben ein.") in ein positives („Ihre Mutter möchte Sie also beschützen") oder eine Sensibilisierung dahingehend, dass ein „gutgemeintes" Verhalten beim Adressaten negative Effekte auslöst.

Eine Umdeutung aus dem Alltag lautet beispielsweise: „Scherben bringen Glück!" Bei diesem Beispiel wird das gebrochene Geschirr (Verlust) zu einer positiven Erfüllungsbedingung für einen weit höheren Wert genützt (hier: Glück). Eine Umdeutung sei besonders erfolgreich, wenn der zu erfüllende Wert subjektiv vom Leidenden als höherrangig (innerlich wesentlicher) repräsentiert wird.

Ferner wird zwischen Kontextreframing und Bedeutungsreframing unterschieden.[161]

18.4 Reframingcoaching

Der Begriff „Reframingcoaching" wurde von Thomas A. M. Windelschmidt eingeführt und beschreibt eine Vorgehensweise zur Unterstützung eines Heil- und Lösungsprozesses, die verschiedene Ansätze, u.a. aus den Bereichen Systemisches Arbeiten, nichtlokale Rückführung, Hypnotherapie,

[161] https://de.wikipedia.org/wiki/Umdeutung_(Psychologie)

Neurolinguistisches Programmieren, Meditation und Gebete miteinander kombiniert. Ziel ist es, ein Symptom als „Hinweis der Seele" zu verstehen und die hinter dem Symptom liegende Ursache (Auslöser) zu erkennen und zu verstehen, um durch eine Neubewertung z.B. einer als traumatisch empfundenen Erfahrung ein Weiterbestehen des Symptoms „überflüssig" zu machen.

18.5 Reiki

Reiki [re:ki] (jap. レイキ/霊気, dt. etwa „spirituelles/geistiges Qi") ist ein Kunstwort, das von Mikao Usui aus den japanischen Wörtern rei (Geist, Seele) und ki (Lebensenergie) gebildet wurde und in der Regel in westlichen Publikationen als „universelle oder universale Lebensenergie" übersetzt wird. Reiki wird als eine „Energie" postuliert, die in allem, was lebt, vorhanden sein soll. Das Ki im Wort Reiki entspricht konzeptuell in etwa dem chinesischen Qi (Chi) und dem hinduistischen Prana. Im allgemeinen Sprachgebrauch umfasst der Begriff Reiki diese „Energie", die Reiki-Behandlung und die Reiki-Ausbildung.

Das postulierte Konzept ist naturwissenschaftlich betrachtet nicht plausibel. Im Hinblick auf die Heilung von Krankheiten durch Reiki konnte trotz zahlreicher Studien mit unterschiedlichen Ergebnissen keine gesundheitsbeeinflussende Wirkung belegt werden: In klinischen Studien, mit denen die Wirksamkeit belegt werden sollte, zeigte sich entweder kein positiver Effekt oder es wurden entscheidende methodische Schwächen gefunden.

Reiki ist ein esoterisches Konzept, nach dem durch Auflegen der Hände und eine spezielle Symbolarbeit Einfluss auf die Gesundheit eines so behandelten Individuums genommen werden soll. Reiki ist eine von vielen Formen der sogenannten „Energiearbeit" und der Techniken des Handauflegens. Es gibt sowohl die Möglichkeit der Reiki-Selbstbehandlung als auch die Behandlung einer anderen Person.

Der Behandelnde sorgt zu Beginn für eine gute Durchblutung seiner Hände, die dadurch beim Auflegen eine erhöhte Wärmeausstrahlung haben, die während der Behandlung noch zunimmt. Ähnlich wie bei einer Infrarot-Behandlung dringt die Wärmestrahlung der Hände in die Gewebe ein. Usui Mikao entwickelte hierfür eine Methode betreffend der Reihenfolge, in der die Hände auf verschiedene Körperregionen aufgelegt werden, wobei auch die Chakren besondere Berücksichtigung finden.

Es gibt unterschiedliche Systeme, nach denen Reiki gelehrt wird: In Japan, dem Ursprungsland, gibt es aufgrund des dortigen kulturellen und religiösen Hintergrundes eine grundsätzlich andere Sicht- und Herangehensweise als im Westen. Der wesentliche Unterschied ist, dass das Erreichen körperlicher und geistiger Gesundheit lediglich ein Zwischenziel bilden soll und das Ziel die Erleuchtung (Satori) darstellt. Aber auch im Westen gibt es unterschiedliche Reikisysteme. Die Unterschiede bestehen im Wesentlichen in der Anzahl der „Einweihungen" während der Ausbildung.

Reiki wurde von dem Japaner Mikao Usui begründet. Usuis ursprüngliche Lehre nannte sich Usui Reiki Ryōhō (臼井靈氣

療法). Das genaue Datum der Entstehung ist nicht bekannt. Fest steht, dass Mikao Usui 1921 eine Reiki-Klinik in Tokyo eröffnete.

Auch die Art der Entstehung ist nicht genau bekannt. Nach der Inschrift auf der Grabstätte von Mikao Usui wurde ihm nach einer 21-tägigen Fastenkur auf dem Berg Kurama, ein Berg nördlich von Kyoto, durch eine Vision das Wissen um Reiki zuteil. Seitdem wird Reiki vom Lehrer zum Schüler weitergegeben. Mikao Usui bildete u.a. Chujiro Hayashi als Reiki-Meister oder Reiki-Lehrer aus. Chujiro Hayashi hat u.a. die Hawaii-Amerikanerin Hawayo Takata als Reiki-Meisterin und Reiki-Lehrerin ausgebildet, diese wiederum u.a. die Amerikanerin Mary McFadyen.

Hawayo Takata war die erste Reiki-Meisterin außerhalb von Japan. Sie hat insgesamt 22 weitere Reiki-Meister und -lehrer ausgebildet, die meisten nicht aus Japan. Fast alle Praktizierenden außerhalb Japans stammen deshalb aus der Einweihungslinie Usui-Hayashi-Takata. 1981 wurde Reiki von der in den Vereinigten Staaten lebenden Mary McFadyen über Deutschland nach Europa gebracht.

Das japanische Reiki wird heute in Japan in Abgrenzung zur westlichen Variante auch „(Japanisches) Traditionelles Reiki" ((日本)伝統靈氣/(日本)伝統式レイキ, (Nihon) dentō-shiki reiki) genannt. Die im Westen verbreitete Variante wird als „Reiki Westlicher Art" (西洋式レイキ, seiyō-shiki reiki) bezeichnet.

Die Ausbildung erfolgt in aufeinander aufbauenden Stufen. Diese Stufen werden Grade genannt. Jede Ausbildungsstufe beginnt mit einer Einweihung. Unter Einweihung versteht man ein Ritual, mit dem ein Lehrer den Schüler befähigt, Reiki zu geben oder die Reiki-Symbole zu benutzen.

Praktizierende sehen sich als Kanal für die Energie und gehen davon aus, dass durch die Einweihung der Kanal in ihnen geöffnet wird, bzw. bei höheren Graden auf die Reiki-Symbole eingestimmt wird. Ohne diese Einweihung sei der Kanal nicht geöffnet, auch entfalten die Symbole ohne Einweihung nicht ihre Wirkung.

Traditionell gibt es bis zur Lehrerausbildung drei bis vier Grade:

- Erster Grad: Öffnung des Reiki-Kanals
- Zweiter Grad: Einführung dreier Reiki-Symbole
- Dritter Grad (Meistergrad): Einweihung auf das "Meistersymbol"
- Vierter Grad (Lehrergrad): befähigt dazu, andere Menschen einzuweihen.

Ursprünglich wurden der Meistergrad und der Lehrergrad zusammen erworben. Viele Reiki-Lehrer handhaben das auch heute noch so. Für jeden Reiki-Grad werden ein bis vier Einweihungen gegeben.[162]

18.6 Religion

Religion (von lateinisch religio ‚gewissenhafte Berücksichtigung', ‚Sorgfalt', zu lateinisch relegere ‚bedenken', ‚achtgeben', ursprünglich gemeint ist „die gewissenhafte Sorgfalt in der Beachtung von Vorzeichen und Vorschriften.") ist ein Sammelbegriff für eine Vielzahl unterschiedlicher Weltanschauungen, deren Grundlage der jeweilige Glaube an bestimmte transzendente (überirdische, übernatürliche, übersinnliche) Kräfte ist, sowie häufig auch an heilige Objekte.

Das Heilige und Transzendente ist nicht beweisbar im Sinne der Wissenschaftstheorie, sondern beruht auf intuitiven und individuellen Erfahrungen bestimmter Vermittler (Religionsstifter, Propheten, Schamanen o.ä.). Solche religiös-spirituellen Erlebnisse werden in vielen Religionen als Offenbarung bezeichnet. Skeptiker und Religionskritiker suchen demgegenüber eher nach „natürlichen" Erklärungen.

Religion kann Wertvorstellungen normativ beeinflussen, menschliches Verhalten, Handeln, Denken und Fühlen prägen, und in diesem Zusammenhang eine Reihe von ökonomischen, politischen und psychologischen Funktionen erfüllen. Diese umfassenden Eigenschaften von Religion bergen in sich das Risiko der Bildung religiöser Ideologien.

[162] https://de.wikipedia.org/wiki/Reiki

Im deutschen Sprachraum wird der Begriff Religion zumeist sowohl für die individuelle „Religiosität" als auch für die kollektiven „Religionen" verwendet. Obwohl beide Bereiche im menschlichen Denken eine enorme Vielfalt aufweisen, lassen sich einige universale Elemente formulieren, die in allen Kulturen der Welt anzutreffen sind. Zusammenfassend sind dies die individuellen Wünsche nach Sinnfindung, moralischer Orientierung und Welterklärung, sowie der kollektive Glaube an übernatürliche Mächte, die in irgendeiner Weise das Leben des Menschen beeinflussen; auch das Streben nach der Wiedervereinigung der diesseitigen Existenz mit seinem jenseitigen Ursprung. Diese Standarderklärungen werden jedoch zum Teil kritisiert.

Die weltweit größten Religionen (auch bekannt als Weltreligionen) sind Christentum, Islam, Hinduismus, Buddhismus, Daoismus, Sikhismus, Jüdische Religion, Bahaitum und Konfuzianismus. Die Anzahl und der Formenreichtum der historischen und gegenwärtigen Religionen übersteigt Anzahl und Formenreichtum der Weltreligionen bei weitem.

Vormoderne Kulturen hatten ausnahmslos eine Religion. Religiöse Weltanschauungen und Sinngebungssysteme stehen oft in langen Traditionen. Mehrere Religionen weisen verwandte Elemente auf, wie die Kommunikation mit transzendenten Wesen im Rahmen von Heilslehren, Symbolsystemen, Kulten und Ritualen oder bauen aufeinander auf, wie zum Beispiel Judentum und Christentum. Die Erstellung einer fundierten Systematik der Religionen, die aus den Verwandtschaftsbeziehungen zwischen den Religionen und ihrer Entstehungsgeschichte abgeleitet wird, ist eine noch nicht erfüllte Forderung der Religionswissenschaften.

Einige Religionen beruhen auf philosophischen Systemen im weitesten Sinne oder haben solche rezipiert. Andere sind stärker politisch, teils sogar theokratisch orientiert; wieder andere gründen in der Hauptsache auf spirituelle Aspekte. Überschneidungen finden sich in nahezu allen Religionen, und insbesondere bei deren Rezeption und Ausübung durch den einzelnen Menschen. Zahlreiche Religionen sind als Institutionen organisiert; dabei kann in vielen Fällen von einer Religionsgemeinschaft gesprochen werden.

Mit der wissenschaftlichen Erforschung von Religionen und (z.T.) Religiosität befassen sich besonders die Religionswissenschaft, Religionsgeschichte, Religionssoziologie, Religionsethnologie, Religionsphänomenologie, Religionspsychologie, Religionsphilosophie sowie in vielen Fällen Teilgebiete der jeweiligen Theologie. Konzepte, Institutionen und Erscheinungsformen von Religion werden durch Formen der Religionskritik punktuell oder grundsätzlich in Frage gestellt.

Das Adjektiv „religiös" muss im jeweiligen Kontext gesehen werden: Es bezeichnet entweder „den Bezug zu (einer bestimmten) Religion" oder „den Bezug zur Religiosität eines Menschen".
Es gibt keine eindeutige Definition von Religion, sondern nur verschiedene Versuche der Definition. Grob lassen sich substantialistische und funktionalistische Ansätze unterscheiden. Substantialistische Definitionen versuchen, das Wesen

der Religion etwa in ihrem Bezug zum Heiligen, Transzendenten oder Absoluten zu bestimmen; nach Rüdiger Vaas und Scott Atran etwa stellt der Bezug zum Transzendenten den zentralen Unterschied zum Nichtreligiösen dar.

Funktionalistische Religionsbegriffe versuchen Religion anhand ihrer gemeinschaftsstiftenden gesellschaftlichen Rolle zu bestimmen. Eine der berühmtesten und oft zitierten Definitionen von (christlicher) Religion stammt von Friedrich Schleiermacher und lautet: Religion ist „das Gefühl der schlechthinnigen Abhängigkeit von Gott".

Eine substantialistische Definition etwa nach Gustav Mensching lautet: „Religion ist erlebnishafte Begegnung mit dem Heiligen und antwortendes Handeln des vom Heiligen bestimmten Menschen." Nach dem Religionswissenschaftler Peter Antes werden mit Religion „alle Vorstellungen, Einstellungen und Handlungen gegenüber jener Wirklichkeit [verstanden], die Menschen als Mächte oder Macht, als Geister oder auch Dämonen, als Götter oder Gott, als das Heilige oder Absolute oder schließlich auch nur als Transzendenz annehmen und benennen."

Das Wort religio hatte im Lateinischen verschiedene Bedeutungen: „Gottesfurcht", „Frömmigkeit", „Heiligkeit", aber auch „Rücksicht", „Bedenken", „Skrupel", „Pflicht", „Gewissenhaftigkeit" oder „Aberglaube". Die Etymologie des Begriffs lässt sich nicht mit Sicherheit bis zu seinem Ursprung zurückverfolgen. Religio ist kein Terminus altrömischer Religion. Die frühesten Belege für die Verwendung dieses Ausdrucks finden sich erst in den Komödien des Plautus (ca. 250–184 v. Chr.) und in den politischen Reden des Cato (234–149 v. Chr.).

Nach Cicero (1. Jh. v. Chr.) geht religio auf relegere zurück, was wörtlich „wieder (auf)lesen, wieder aufsammeln, wieder aufwickeln", im übertragenen Sinn „bedenken, achtgeben" bedeutet. Cicero dachte dabei an den Tempelkult, den es sorgsam zu beachten galt. Dieser religio (gewissenhafte Einhaltung überlieferter Regeln) stellte er superstitio (nach der ursprünglichen Bedeutung Ekstase) als eine übertriebene Form von Spiritualität (tagelanges Beten und Opfern) gegenüber. Im Sinn einer „berufsmäßigen" Gottesverehrung wurden entsprechend im Mittelalter Ordensleute als religiosi bezeichnet. Diese Bedeutung hat der Begriff bis heute im römisch-katholischen Kirchenrecht. Auch bei der Entlehnung ins Deutsche im 16. Jahrhundert wird Religion zunächst in diesem Sinne verwandt, nämlich zur Bezeichnung amtskirchlicher Bibelauslegung und Kultpraxis und ihrer Abgrenzung gegenüber sogenanntem Aberglauben (siehe Superstitio). Bis heute heißt die römische Kongregation für die Ordensleute „Religiosenkongregation".

Zu Beginn des 4. Jahrhunderts führte der christliche Apologet Lactantius dagegen das Wort religio auf religare = „an-, zurückbinden" zurück, wobei er sich polemisch mit Ciceros Auffassung über den Unterschied von religio und superstitio auseinandersetzte. Er meinte, es handle sich um ein „Band der Frömmigkeit", das den Gläubigen an Gott binde. Diese Herkunft ist bei Sprachwissenschaftlern jedoch umstritten, da es keine vergleichbaren Wörter gibt, die aus einem Verb der lateinischen a-Konjugation entstammen, bei denen sich das Suffix -are ohne Anzeichen zu -ion entwickelt hat.

Im Mittelalter und in der frühen Neuzeit waren zur Bezeichnung der Gesamtheit des Religiösen die Ausdrücke fides (Glaube), lex (Gesetz) und secta (von sequi, „folgen", also „Gefolgschaft, Richtung, Partei") gebräuchlich. „Religion" bezeichnete zunächst Lehren, die je nach Auffassung für richtig oder falsch gehalten wurden. Erst nach der Reformation, vor allem im Zeitalter der Aufklärung wurde ein abstrakterer „Religions"-Begriff geprägt, auf den die gegenwärtigen Definitionsansätze zurückgehen.

In den meisten außereuropäischen Sprachen fanden sich bis zum 19. Jahrhundert keine genauen Übersetzungen des Wortes Religion. Häufig wurde das Phänomen mit mehreren Begriffen umschrieben. Eigene Begriffsprägungen erfolgten relativ spät. Dies trifft beispielsweise auf den Ausdruck Hinduismus zu, dessen Bedeutung zudem einem mehrmaligen Wandel unterlag.

Neuerdings hat der Religions- und Sprachwissenschaftler Axel Bergmann eine andere Etymologie vorgeschlagen. Demnach gehört zu dem Wort nicht das Präfix re- („zurück", „wieder"), sondern es geht ursprünglich auf das altlateinische rem ligere = eine „Sache" (gemeint: ein Vorhaben) „binden" (= mit Skrupel oder Skepsis betrachten und wegen dieser Bedenken zögern und davor zurückschrecken) zurück. Dieser

Ausdruck der Alltagssprache wurde laut Bergmann zunächst speziell auf religiöse Skrupel bezogen und später auf den gesamten Bereich des Religiösen ausgedehnt.[163]

18.7 Regressionstherapie

Die Regressionstherapie bzw. hypnotische Regression, auch Altersregression ist eine Anwendung der Hypnose, bei der die Versuchsperson ein früheres Lebensalter oder ein früheres Leben nochmals durchlebt und die in dem entsprechenden Lebensalter wahrgenommenen Gefühle durchläuft.

Es kann dabei unterschieden werden zwischen

- einem in der Hypnose verwendeten Verfahren zur Analyse und Darstellung von Kindheitserlebnissen und
- einem natürlichen Prozess des inneren Zurückgehens bei wachem Bewusstsein, zur Integration konkreter unbewältigter Kindheitserlebnisse.

Hier wird der Proband in eine mittlere bis tiefe Trance versetzt. In diesen Stadien ist es dem Therapeuten (bzw. dem Patienten) theoretisch möglich, auf Kindheitserinnerungen zuzugreifen, die sich dem Bewusstsein des Probanden entziehen. Meistens geschieht dies laut Sigmund Freud auf-

[163] https://de.wikipedia.org/wiki/Religion

grund von Traumata oder anderen Ereignissen, die der Patient unbewusst abwehrt. Die dann gefundenen Erinnerungen können bewusst gemacht werden und zur weiteren Verwendung in der Therapie dienen.

Dieses Erinnern in Trance kann unterschiedliche Wahrheitskriterien aufweisen. Sie reichen von einem halbbewussten Inszenieren von teilweise nicht real erlebten Ereignissen bis hin zu einer Reaktualisierung tatsächlicher Kindheitserlebnisse mit den typischen altersbedingten Charakteristika. Dies können frühere Reflexe (Greif-, Saug-, Babinski-Reflex) sein wie auch die alterstypischen Formen des Denkens und der Objektbeziehungen sowie Pulsfrequenz oder Augenkoordination. Besonders bemerkenswert ist die als Folge der Altersregression angeblich auftretende Hypermnesie (das gesteigerte Erinnerungsvermögen) bezüglich Begebenheiten, die dabei vergegenwärtigt werden. Diese wird jedoch durch die Erkenntnisse der Gedächtnisforschung in Frage gestellt.

Angewendet wird dieses Verfahren in der Hypnotherapie, der Psychoanalyse oder in der Traumatherapie.

Wenn ein Therapeut einen Klienten in eine Regression führt, dann steht die Frage nach dem Wahrheitsgehalt zunächst nicht zur Diskussion. Der Therapeut hat dabei nur die Aufgabe, die aufsteigenden Bilder und Gefühle zu fokussieren und den Klienten dabei zu unterstützen.

Die Hypnotische Regression wurde in den 1990er Jahren in den USA sehr häufig angewandt. Michael Yapko beschreibt in seinem Buch einige Fälle, in denen durch suggestive Fragen und unvorsichtiges Vorgehen der Therapeuten Bilder von sexuellem Missbrauch bei den Klienten suggeriert und viel zu schnell als Tatsache angenommen wurden. Die Frage, ob die in der Regression gesehenen Bilder auch der Wahrheit entsprechen, wurde oft nicht gestellt. Bevor die Klienten dazu ermutigt werden, ihre Familienmitglieder mit schweren Vorwürfen zu konfrontieren, muss die Wahrheitsfrage gestellt werden.

Bei einer Vielzahl von Behandlungsmethoden, die die Hypnotische Regression verwenden, ergeben sich Erinnerungen, die bereits aufgrund ihrer Inhalte Zweifel an der Methode wecken. So werden auch Rückholungen von Erinnerungen an eine vermeintliche Entführung durch Außerirdische eingesetzt.

Bei einer Reinkarnationstherapie wird die Hypnotische Regression dazu verwendet, Bilder und Eindrücke von früheren Reinkarnationen oder zukünftigen Leben ins Bewusstsein zu rufen. Wo bei diesen mit Hypnose und Suggestion herbeigeführten Erlebnissen Illusion und Realität liegen, ist unbestimmt.[164]

18.8 Resomatisierung

Siehe Desomatisierung

164 https://de.wikipedia.org/wiki/Hypnotische_Regression

18.9 Rubikon-Modell

Das Rubikon-Modell der Handlungsphasen ist ein motivations-psychologisches Modell von Heinz Heckhausen und Peter M. Gollwitzer, mit dem einzelne Handlungsschritte in vier formelle Phasen eingeteilt werden:

- die des Abwägens von Handlungsmöglichkeiten einschließlich der Wahl einer davon und der entscheidenden Festlegung auf sie.
- die des Planens der Umsetzung der getroffenen Entscheidung „in die Tat".
- die der realen Durchführung der Entscheidung in konkretem Handeln.
- die des abschließenden Bewertens dieses Handelns, wobei ein wertendes Beurteilen dieses Handelns, insbesondere des jeweiligen Handlungserfolgs und ggf. weiterer Handlungsfolgen zur Handlungskontrolle in der Regel schon bei jedem bewussten Handeln selbst erfolgt, insbesondere bei jedem komplexeren und in voneinander abhängende Planungsschritte eingeteiltem Handeln.

In der Abwägephase – der Motivation- oder prädezisionalen Phase, die der Intentionsbildung oder Bestimmung eines Ziels, einer Absicht oder der Zwecksetzung dient – wählt eine Person aus der mehr oder weniger großen Zahl ihrer

Wünsche zunächst diejenigen aus, die sie momentan in Betracht ziehen und vielleicht auch verfolgen möchte, also zu der Zeit und in der Situation, in der sie ihre Überlegungen anstellt.

Da der Mensch viele Wünsche haben kann, seine zeitlichen und sonstigen Ressourcen dagegen stets begrenzt sind, ist es meist nötig, sich auf eine begrenzte Anzahl von vielleicht zusammenhängenden Wünschen, die in die engere Wahl kommen zu beschränken, um sich schließlich auf die Verfolgung und Verwirklichung eines dieser Wünsche festzulegen und damit auf eine dadurch selbst bestimmte Zielintention.

Die psychischen Prozesse können in dieser Phase mit Erwartung-mal-Wert-Modellen näher spezifiziert werden. Die dazu jeweils anzustellenden Überlegungen können außerordentlich aufwendig und differenziert sein, je weit- und umsichtiger dabei Fragen der Selbstmotivation (Wie begeistere ich mich für etwas? Wie kann ich Ablenkungen vermeiden? etc.) oder der denkbaren und möglicherweise auch absehbaren Entscheidungsfolgen für sich und ggf. auch andere in Betracht gezogen werden. Dies gilt erst recht, wenn dabei auch noch die bei der eventuellen Umsetzung einzelner Ziele bereits vorhandenen oder erst zu schaffenden Mittel erwogen, die bekannten oder erst zu erkundenden Wege der Verwirklichung einzelner Handlungsmöglichkeiten überprüft und vielleicht noch weitere Umstände berücksichtigt werden, die eventuell von Wichtigkeit sind oder werden könnten.

Wird nach mehr oder weniger gründlichen Erwägungen schließlich ein Fazit gezogen und kommt auf diese oder andere Weise etwa „kurzentschlossen" eine Entscheidung durch tatsächliche Festlegung auf ein bestimmtes Ziel zustande, heißt dies im „Rubikonmodell der Handlungsphasen" nach Heckhausen Schritt über den Rubikon.

„Der „Schritt über den Rubikon" stellt dabei den „in der Tat" oder tatsächlich real entscheidenden Schritt jeder Willensbildung dar."

Anschließend tritt die Person in die Phase des Planens oder präaktionale Phase ein. Es geht nun nicht mehr darum, was sie erreichen möchte, sondern vielmehr wie sie das erreichen möchte, was sie beabsichtigt, das heißt, der Fokus wird von der Motivation hin zur Volition verschoben. Es geht also um Fragen der Umsetzung oder Realisierung der Zielintention, die Zielinitiierung. In der Planungsphase bereitet sich die Person auf das Handeln vor. Sie kann dies zum Beispiel dadurch tun, dass sie spezifiziert, unter welchen Umständen und wie genau sie handeln will, das heißt, dadurch, dass sie eine Implementierungsintention bildet. Meist konkurrieren mehrere Zielintentionen miteinander. Es setzt sich diejenige durch, die die dominanteste Fiat-Tendenz hat, die eine variable Größe ist, in die situative, personale und andere Faktoren einfließen.

Wenn die Person zu handeln begonnen hat (Handlungsinitiierung bzw. Intentionsrealisierung), tritt sie in die Handlungsphase oder aktionale Phase ein. Es geht nun darum, das eigene Handeln ausdauernd auf das Ziel auszurichten und sich nicht ablenken zu lassen. Das Handeln muss bei Schwierigkeiten flexibel an die Umstände und den Handlungsverlauf angepasst werden. Zum Beispiel neigen Menschen in bestimmten Fällen dazu, bei Misserfolg die Anstrengung zu erhöhen (dies tun aber nur erfolgszuversichtliche Personen). Entscheidend im Hinblick auf die Realisierungswahrscheinlichkeit und -geschwindigkeit ist die Volitionsstärke.

Mit der Zielerreichung bzw. -nichterreichung tritt die Person in die Phase des Bewertens bzw. die postaktionale Phase ein. Es findet eine Intentionsdeaktivierung statt. Es wird nun beurteilt, ob die Handlung ein Erfolg war oder nicht und ob eventuell Nachbesserungen erforderlich sind oder das eigentliche Ziel verändert werden muss (Soll-Ist-Vergleich), und worauf dieser Erfolg oder Misserfolg zurückzuführen sei (Kausalattribution). Hierbei wird wieder auf motivationale (gegenüber volitionalen) Aspekte fokussiert.

Die Phasen des Abwägens und des Bewertens betreffen nach den Autoren die Zielwahl, die Phasen des Planens und Handelns die Zielrealisierung. Erstere nennen die Autoren deshalb „motivationale" Phasen, letztere „volitionale" Phasen. Der Volitionsbegriff betrifft hier also nur die Realisierung bestehender Absichten, nicht die Bildung derselben.

Die Abfolge der Handlungsphasen ist eine idealtypische Vorstellung, die in der Realität eher selten ist. So gibt es viele Handlungen, die ohne Abwägen und Planen vonstattengehen, insbesondere alle Gewohnheitshandlungen. Das Handlungsphasenmodell unterscheidet verschiedene „geistige

Tätigkeiten", die für ein erfolgreiches Handeln nötig sind. Diese Tätigkeiten können aber auch gleichzeitig vorkommen oder sich überlappen, wenn mehrere Ziele zugleich verfolgt werden. Auch ist es möglich, von einer „späteren" in eine „frühere" Phase zurückzufallen.[165]

[165] https://de.wikipedia.org/wiki/Rubikonmodell_der_Handlungsphasen

19 Buchstabe S

19.1 Schamanismus

Schamanismus bezeichnet:

- im engen Sinne die traditionellen ethnischen Religionen des Kulturareales Sibirien (Nenzen, Jakuten, Altaier, Burjaten, Ewenken, auch europäische Samen u.a.), bei denen das Vorhandensein von Schamanen von europäischen Forschern der Expansionszeit als wesentliches gemeinsames Kennzeichen erachtet wurde. Zur besseren Abgrenzung werden diese Religionen häufig „klassischer Schamanismus" oder auch „sibirischer Animismus" genannt.

- im weiten Sinne alle wissenschaftlichen Konzepte, die aufgrund von ähnlichen Praktiken spiritueller Spezialisten in verschiedenen traditionellen Gesellschaften die kulturübergreifende Existenz des Schamanismus postulieren. Nach László Vajda und Jane Monnig Atkinson sollte aufgrund der Vielzahl unterschiedlicher Konzepte treffender von Schamanismen im Plural gesprochen werden.

Sibirische Schamanen und verschiedene Geisterbeschwörer anderer Ethnien – die ebenfalls häufig verallgemeinernd als Schamanen bezeichnet werden – hatten oder haben in vielen traditionellen Weltanschauungen angeblich Einfluss auf die Mächte des Jenseits. Sie setzten ihre Fähigkeiten vorwiegend zum Wohle der Gemeinschaft ein, um in unlösbar erscheinenden Krisensituationen die „kosmische Harmonie" zwischen Diesseits und Jenseits wiederherzustellen. In diesem weiten Sinne bezeichnet Schamanismus eine Reihe unscharf bestimmter Phänomene „zwischen Religion und Heilritual".

Eine nähere allgemeingültige Bestimmung ist nicht möglich, da die Definition verschiedene Betrachtungsweisen aus Sicht der Ethnologie, Kulturanthropologie, Religionswissenschaften, Archäologie, Soziologie und Psychologie enthält. Dies hat unter anderem zur Folge, dass Angaben zur räumlichen und zeitlichen Verbreitung der „Schamanismen" erheblich voneinander abweichen und in vielen Fällen umstritten sind. Der amerikanische Ethnologe Clifford Geertz sprach daher bereits in den 1960er Jahren dem „westlich idealistischen Konstrukt Schamanismus" jeglichen Erklärungswert ab.

Einig ist man sich lediglich bei der „engen Definition" des klassisch sibirischen Schamanismus – dem Ausgangspunkt der ersten „Schamanismen". Dazu gehört vor allem die genaue Beschreibung der dort praktizierten rituellen Ekstase, eine weitgehend übereinstimmende ethnische Religion sowie eine ähnliche Kosmologie und Lebensweise.

Nach weiter gefassten Definitionen wird Schamanismus bis in die 1980er Jahre als frühe, kulturübergreifende Entwicklungsstufe jeglicher Religion betrachtet. Vor allem das Konzept des Core-Schamanismus von Michael Harner ist hier zu nennen. Diese Auslegung gilt jedoch mittlerweile als nicht konsensfähig. Seit den 1990er Jahren steht häufig der Aspekt des „Heilens" im Mittelpunkt des Interesses (und der jeweiligen Definition).

Da bereits der klassische Schamanismus Sibiriens etliche Varianten aufweist, werden weiterreichende geographische oder historische Auslegungen, die solche Phänomene aus ihrem kulturellen Kontext gelöst betrachten und verallgemeinern, von vielen Autoren als spekulativ kritisiert. In der zeitgenössischen Literatur – populärwissenschaftlichen (insbesondere esoterischen) Büchern, aber auch wissenschaftlichen Schriften – wird in diesem Zusammenhang oftmals nicht deutlich gemacht, auf welche Ethnien sich Darstellungen zu bestimmten schamanischen Praktiken konkret beziehen, so dass regionale (oft sibirische) Phänomene auch in anderen Kulturen verortet werden, in deren Traditionen sie tatsächlich jedoch fremd sind. Beispiele dafür sind der Weltenbaum und die gesamte schamanische Kosmologie: in Eurasien verankerte mythologische Konzepte, die hier mit ähnlichen Archetypen anderer Weltgegenden gleichgesetzt werden und so das irreführende Bild eines einheitlichen Schamanismus erzeugen.

Insbesondere die äußerst erfolgreichen Bücher von Eliade, Castañeda und Harner haben den „modernen Mythos Schamanismus" erzeugt, der suggeriert, dass es sich dabei um ein universelles und homolog entstandenes religiös-spirituelles Phänomen handeln würde. Im Hinblick auf das große Interesse in der Bevölkerung weisen einige Autoren darauf hin, dass Schamanismus keine einheitliche Ideologie oder Religion bestimmter Kulturen ist, sondern um ein wissenschaftliches Konstrukt aus eurozentrischer Perspektive handelt, um ähnliche Phänomene rund um die Geisterbeschwörer unterschiedlichster Herkunft zu vergleichen und zu klassifizieren.

Die Bezeichnung Schamanismus leitet sich den meisten Autoren zufolge von dem aus Sibirien entlehnten Wort „Schamane" ab, mit dem die tungusischen Völker ihre Geisterbeschwörer bezeichnen. Das Wort entstammt vermutlich dem evenkischen (d.h. tungusischen) šaman, dessen weitere Etymologie umstritten ist. Möglicherweise liegt das manjurische Verb sambi, „wissen, kennen, durchschauen", zugrunde. Die ältere Bezeichnung „Schamanentum" bezieht sich nicht auf die wissenschaftlichen Konzepte, sondern nur auf die Existenz von Geisterbeschwörern in verschiedenen Kulturen, ohne dabei bestimmte Zusammenhänge herzustellen.

George Catlins Darstellung eines Schamanen (Medicine man) der Schwarzfuß-Indianer, der Riten über einem sterbenden Häuptling vollführt.

Im Allgemeinen wird die aus Sibirien entlehnte Bezeichnung Schamane verwendet, um spirituelle Spezialisten zu bezeichnen, die über (angeblich) „magische" Fähigkeiten als Vermittler zur Geisterwelt verfügen. Solche Geisterbeschwörer sind Teil vieler ethnischer Religionen, aber auch mancher volksreligiöser Ausprägungen der Weltreligionen. Vornehmlich bei einigen indigenen oder traditionellen lokalen Gemeinschaften spielen Schamanen auch heute noch eine wichtige Rolle.

Seit den ersten Beschreibungen solcher spirituellen Experten in verschiedenen Gesellschaften haben europäische Völkerkundler versucht, Ähnlichkeiten und eventuelle Muster zu erkennen und Zusammenhänge abzuleiten.

Die Existenz eines Schamanen ist zweifellos eine Voraussetzung für jegliche Schamanismus-These, jedoch nicht unbedingt der zentrale Gedanke. Es geht häufig eher um religiöse Überzeugungen, Riten und Traditionen, statt um die herausgehobene Rolle des Schamanen. Insofern entstanden die verschiedenen, konzeptuell abweichenden Definitionen.

Die Schamanen sind eingebunden in die Lebenswelt und naturräumliche Umwelt ihrer jeweiligen Kulturen und können nicht als Verkörperung einer bestimmten schamanistischen Religion oder Kosmologie betrachtet werden. So hängt der Schamanismus eng mit der Heilung von Kranken, mit Bestattungsriten und mit Jagdzauber zusammen.[166]

19.2 Schizophrenie

Als Schizophrenie wird eine Gruppe schwerer psychischer Krankheitsbilder mit ähnlichem Symptommuster bezeichnet.

Im akuten Krankheitsstadium treten bei schizophrenen Menschen eine Vielzahl charakteristischer Störungen auf,

[166] https://de.wikipedia.org/wiki/Schamanismus

die fast alle Bereiche der Psyche betreffen: die Wahrnehmung, das Denken, die Ichfunktionen, den Willen, das Gefühls- und Gemütsleben, den Antrieb und die Psychomotorik.

Häufig werden nicht wirklich vorhandene Stimmen gehört, sogenanntes Stimmenhören. Es kann der Wahn auftreten, verfolgt, ausspioniert oder kontrolliert zu werden. Weiter kann es zu Gedankenlautwerden, Gedankenentzug oder zu Gedankeneingebung kommen. Anhaltende Halluzinationen jeder Sinnesmodalität sind möglich. Auch sozialer Rückzug, Antriebslosigkeit und mangelnde Motivation, emotionale Verflachung und Freudlosigkeit sind oft zu beobachten. Je nach vorherrschenden Symptomen werden mehrere Subtypen der Schizophrenie unterschieden.

In Europa leiden etwa 0,5% bis 1% der Bevölkerung an Schizophrenie. Das Risiko einer Erkrankung ist für Männer wie Frauen gleich hoch, wobei Männer offenbar in einem früheren Lebensalter erkranken. Obwohl Erkrankungen aus dem schizophrenen Formenkreis seit dem Altertum beschrieben werden, konnte noch keine eindeutige Ursache für sie ermittelt werden. Man geht heute von einem Zusammenspiel mehrerer Faktoren aus.

In vielen Fällen kommt es nach einer ersten Krankheitsphase zu Symptomfreiheit. Danach können in Schüben weitere Krankheitsphasen folgen. Bei etwa einem Drittel der Erkrankten bilden sich alle Symptome vollständig zurück, bei ungefähr einem weiteren Drittel kommt es immer wieder zu Krankheitsphasen. Beim letzten Drittel der Erkrankten ergibt sich ein chronischer Verlauf, welcher zu einer andauernden psychischen Behinderung führt.

Der Begriff Schizophrenie leitet sich von griechisch σχίζειν s'chizein = „spalten, zerspalten, zersplittern" und φρήν phrēn = „Geist, Seele, Gemüt, Zwerchfell" ab. Im antiken Griechenland hielt man das Zwerchfell für den Sitz der Seele, weshalb das Wort „phren" (φρήν) für beide Begriffe steht.

Er wurde am 24. April 1908 von dem Schweizer Psychiater Eugen Bleuler in einer Sitzung des Deutschen Vereins für Psychiatrie erstmals öffentlich vorgestellt. Im selben Jahr veröffentlichte Bleuler den Artikel „Die Prognose der Dementia praecox" (Schizophreniegruppe) in der Allgemeinen Zeitschrift für Psychiatrie und psychischgerichtliche Medizin und 1911 die bekannte Schrift „Dementia praecox oder die Gruppe der Schizophrenien". Bleulers Konzept der Schizophrenie trat in Konkurrenz zum Konzept der Dementia praecox (vorzeitige Demenz) von Emil Kraepelin.

Im klinischen Alltag in psychiatrischen Einrichtungen wurde früher bei Visiten und in Arztbriefen auch von „Morbus Bleuler" gesprochen, um die negativ besetzte und stigmatisierende Bezeichnung Schizophrenie zu vermeiden. Früher wurden die Schizophrenie und die affektive Psychose unter dem Begriff endogene Psychose zusammengefasst.

Schizophrenie ist nicht gleichzusetzen mit dauerhaften kognitiven Leistungseinbußen, auch wenn der Begriff Dementia praecox diesen Irrtum zu bekräftigen scheint. Es ist Gegenstand der wissenschaftlichen Diskussion, ob es sich bei der

Schizophrenie um eine einzige Krankheitseinheit handelt oder ob sie eine heterogene Gruppe von Erkrankungen mit unterschiedlichen Ursachen und Verlaufskriterien etc. ist.

In der Bevölkerung wird Schizophrenie oft mit anderen Erkrankungen, insbesondere einer „gespaltenen Persönlichkeit" (dissoziative Identitätsstörung), abgeleitet aus einer Rückübersetzung des Begriffs („abspalten"/„Geist"), verwechselt (siehe auch den Abschnitt Differentialdiagnose).

Daneben etablierte sich in den 1950er Jahren „schizophren" als bildungssprachlicher Ausdruck für „Unsinnigkeit, absurdes Verhalten, Wahn, Zwiespältigkeit".

Von einigen Betroffenen werden diese von der Fachsprachlichkeit abweichenden Verwendungen als diskriminierend empfunden.

Die Symptome der Schizophrenie lassen sich in drei große Bereiche einteilen: Positivsymptome, Negativsymptome und kognitive Symptome. Die Ausprägung der Symptome und deren jeweilige Auswirkungen hängen bis zu einem gewissen Grad von der Persönlichkeit des Betroffenen ab. Die Symptome sind insgesamt sehr variabel; Patienten bleiben jedoch oft lange Zeiträume ihrem individuellen Symptom-Muster treu.[167]

[167] https://de.wikipedia.org/wiki/Schizophrenie

19.3 Schizophrene Psychose

Der Begriff Schizophrene Psychose wird oft unkorrekt mit Schizophrenie gleichgesetzt. So wenig die Ursache dieser Störungen bis heute bekannt ist, so heftig wurde in der Vergangenheit kontrovers diskutiert, ob es sich um eine organisch ausgelöste, vergleichsweise eine genetisch bedingte Krankheit handelt, oder aber um eine Störung, deren Wurzeln schon in frühester Kindheit zu suchen seien.

Aktuell wird üblicherweise davon ausgegangen, dass bei bestehender Anfälligkeit psychodynamische Stressfaktoren (familiäre oder sonstige zwischenmenschliche Probleme, Trennungen, Verlust) zum Ausbruch der Krankheit führen können.

Auch bei diesem Vulnerabilitäts-Stress-Modell handelt es sich lediglich um eine Arbeitshypothese, die aber beim gegenwärtigen Wissensstand brauchbar erscheint.

Es gibt Hinweise auf einen Zusammenhang zwischen einer schizophrenen Psychose und einer Fehlsteuerung des Dopamin-Stoffwechsels (ein Neurotransmitter).

Auch für die Neurotransmitter Serotonin und Glutamat existieren ähnlich lautende Hypothesen. Die Dopaminhypothese wurde abgeleitet aus der Tatsache, dass sich einige Positivsymptome durch die Gabe von Neuroleptika, die bestimmte Dopaminrezeptoren blockieren, vermindern lassen. Negativsymptome werden allerdings durch Neuroleptika kaum beeinflusst.

Eine Sondergruppe bilden drogeninduzierte Psychosen, die über den Wegfall der ursprünglich auslösenden Drogen hinweg andauern und sich vom Erscheinungsbild eher schizophrenen als organischen Psychosen entsprechend zeigen.[168]

19.4 Séance

Eine Séance (frz. „Sitzung") meint im Allgemeinen eine spiritistische Sitzung einer Gruppe mehrerer Personen, um unter Anleitung oder Nutzung eines Mediums mit einer behaupteten Welt der Toten und des Übernatürlichen (z.B. Geister oder Dämonen) in Kontakt zu treten, um „Nachrichten" aus dem Jenseits zu empfangen oder mit Verstorbenen kommunizieren zu können.

Im ethnologischen Zusammenhang wird der Begriff auch für die „Seelenreisen" der Schamanen traditioneller Gesellschaften verwendet.

Als sichtbare Zeichen des Kontakts mit dem Jenseits werden das sogenannte „automatische Schreiben" oder die verbale Kommunikation des Mediums mit dem Jenseits interpretiert. Weitere physikalische Manifestationen sollen Materialisierung von Gegenständen, das Herausquellen von sogenanntem Ektoplasma aus Körperöffnungen des Mediums, Telekinese, Apportphänomene und Levitation, d.h. schwebende Gegenstände wie Tische, Klaviere und Bücher, sein.

---

[168] https://de.wikipedia.org/wiki/Psychose#Schizophrene_Psychosen

Das „Medium" wird in aller Regel anonym gehalten, es wird gesagt, dieser Mensch habe seine besondere Eignung erwiesen, in Trance zu fallen und dann ins Jenseits hören zu können. Oftmals werden die Teilnehmer einer Séance eingeschworen, keinem Außenstehenden Mitteilung über das Geschehen zu machen.

Eine Séance findet oft bei Kerzenlicht oder in fast völliger Dunkelheit statt, was nur ein schemenhaftes Sehen gestattet. Der Raum zur Séance kann mit technischen Einrichtungen versehen sein, die es dem Medium oder seinen Begleitern erlaubt, plötzlich das Licht einzuschalten oder es ganz zu verdunkeln bzw. eine Kerze verlöschen zu lassen, oder auch Geräusche von einem Tonband oder Schallplatte abzuspielen, gesteuert über verborgen angebrachte Schalter.

Man kann nicht ausschließen, dass in einem Nebenraum versteckt noch jemand sitzt, der die Worte des Mediums in die passende Geräuschkulisse umsetzt und die Teilnehmer glauben lässt, ein Geist spreche aus dem Jenseits. Fäden bei der sogenannten Levitation sind ein weiterer beliebter Trick, um die „von Geistern" bewegten schwebende Tische oder Gegenstände zu zeigen. Eine Séance erscheint damit als eine wirtschaftlich motivierte Illusions-Veranstaltung: die Teilnehmer zahlen dafür, mittels des „Mediums" ihren Wunsch nach Kontakt ins Jenseits erfüllt zu bekommen.

Die Blütezeit der Séancen und spiritistischen Zirkel war in der Zeit zwischen 1850 und 1890. Allerdings gab es auch noch danach viele spiritistische Sitzungen, verewigt unter anderem in der amerikanischen Horrorfilm-Reihe Poltergeist.

Die Orte der Séancen wurden in der Öffentlichkeit mit Argwohn betrachtet. So wurden in der viktorianisch-puristisch geprägten Gesellschaft jener Tage die Orte der Séancen auch als geheimer Treffpunkt für sexuelle Ausschweifungen beargwöhnt. Nicht immer zu Unrecht, da die Medien durch die besondere öffentliche Aufmerksamkeit ihrer Tätigkeit es ohnehin gewohnt waren, gesellschaftliche Grenzen und Konventionen zu überschreiten. So wurde Sexualität einfach esoterisch verbrämt und ermöglichte, zumindest in diesen Zirkeln, so erst ein freies Reden (und ggf. Handeln) über das in dieser Zeit Unaussprechliche.[169]

19.5 Seele

Der Ausdruck Seele hat vielfältige Bedeutungen, je nach den unterschiedlichen mythischen, religiösen, philosophischen oder psychologischen Traditionen und Lehren, in denen er vorkommt. Im heutigen Sprachgebrauch ist oft die Gesamtheit aller Gefühlsregungen und geistigen Vorgänge beim Menschen gemeint. In diesem Sinne ist „Seele" weitgehend gleichbedeutend mit dem Begriff Psyche. „Seele" kann aber auch ein Prinzip bezeichnen, von dem angenommen wird, dass es diesen Regungen und Vorgängen zugrunde liegt, sie ordnet und auch körperliche Vorgänge herbeiführt oder beeinflusst.

[169] https://de.wikipedia.org/wiki/S%C3%A9ance

Darüber hinaus gibt es religiöse und philosophische Konzepte, in denen sich „Seele" auf ein immaterielles Prinzip bezieht, das als Träger des Lebens eines Individuums und seiner durch die Zeit hindurch beständigen Identität aufgefasst wird. Oft ist damit die Annahme verbunden, die Seele sei hinsichtlich ihrer Existenz vom Körper und damit auch dem physischen Tod unabhängig und mithin unsterblich. Der Tod wird dann als Vorgang der Trennung von Seele und Körper gedeutet.

In manchen Traditionen wird gelehrt, die Seele existiere bereits vor der Zeugung, sie bewohne und lenke den Körper nur vorübergehend und benutze ihn als Werkzeug oder sei in ihm wie in einem Gefängnis eingesperrt. In vielen derartigen Lehren macht die unsterbliche Seele allein die Person aus; der vergängliche Körper wird als unwesentlich oder als Belastung und Hindernis für die Seele betrachtet.

Zahlreiche Mythen und religiöse Dogmen machen Aussagen über das Schicksal, das der Seele nach dem Tod des Körpers bevorstehe. In einer Vielzahl von Lehren wird angenommen, dass eine Seelenwanderung (Reinkarnation) stattfinde, das heißt, dass die Seele nacheinander in verschiedenen Körpern eine Heimstatt habe.

In der Frühen Neuzeit wurde ab dem 17. Jahrhundert das traditionelle, aus der antiken Philosophie stammende Konzept der Seele als Lebensprinzip aller Lebewesen, das die körperlichen Funktionen steuert, zunehmend abgelehnt, da es zur Erklärung der Affekte und Körpervorgänge nicht benötigt werde. Einflussreich war das Modell von René Descartes, der nur dem Menschen eine Seele zuschrieb und deren Funktion auf das Denken beschränkte. An Descartes' Lehre knüpfte die Debatte über das „Leib-Seele-Problem" an, die weiterhin andauert und heute Gegenstand der Philosophie des Geistes ist. Dabei geht es um die Frage nach dem Verhältnis von geistigen und körperlichen Zuständen.

In der modernen Philosophie wird ein breites Spektrum von stark divergierenden Ansätzen diskutiert. Es reicht von Positionen, die von der Existenz einer eigenständigen, körperunabhängigen seelischen Substanz ausgehen, bis zum eliminativen Materialismus, dem zufolge alle Aussagen über Mentales unangemessen sind, da ihnen nichts in der Realität entspreche; vielmehr seien alle scheinbar „mentalen" Zustände und Vorgänge restlos auf Biologisches reduzierbar. Zwischen diesen radikalen Positionen stehen unterschiedliche Modelle, die zwar Mentalem nicht die Realität absprechen, aber den Begriff der Seele nur bedingt in einem mehr oder weniger schwachen Sinn zulassen.

Das deutsche Wort Seele stammt von einer urgermanischen Form *saiwalō oder *saiwlō ab. Diese ist einer Hypothese zufolge von dem ebenfalls urgermanischen *saiwaz (See) abgeleitet; der Zusammenhang soll darin bestehen, dass nach einem altgermanischen Glauben die Seelen der Menschen vor der Geburt und nach dem Tod in bestimmten Seen leben. Unklar ist allerdings, wie verbreitet dieser Glaube war; daher wird der Zusammenhang in der Forschung nicht allgemein akzeptiert, zumal eine Verbindung zwischen dem Totenreich und *saiwaz (bzw. davon abgeleiteten Formen) in germanischen Quellen nicht bezeugt ist. Es wird ein Zusammenhang mit samisch saivo angenommen, einem urnordischen Lehnwort, das ein Totenreich bezeichnet.

Schon im Althochdeutschen und Mittelhochdeutschen waren formelhafte Wendungen wie „mit (oder an) Leib und Seele" häufig, die sich im Sinne von „völlig, ganz und gar" nachdrücklich auf den gesamten Menschen beziehen. Der seit dem Spätmittelalter beliebte Ausdruck „schöne Seele" hat antike (nobilitas cordis), altfranzösische (gentil cuer) und spirituelle (edeliu sêle) Wurzeln und tritt in der Variante der edelen herzen bei Gottfried von Straßburg († um 1215) programmatisch auf. Im 14. Jahrhundert wird „schöne Seele" in der spirituellen Literatur üblich. In religiösem Sinne wird der Begriff noch im Pietismus verwendet, so etwa von Susanna Katharina von Klettenberg, einer Freundin von Goethes Mutter. Seit dem 17./18. Jahrhundert bezeichnet „Seele" häufig den ganzen Menschen („er ist eine gute Seele"; „keine Seele" für „niemand").

Die Strömung der Empfindsamkeit im Zeitalter der Aufklärung gebrauchte „schöne Seele" auch in einem weiteren, nicht mehr nur religiösen Sinne zur Kennzeichnung eines empfindsamen und tugendhaften Gemüts oder Menschen. Friedrich Schiller bezeichnet mit der „schönen Seele" den Einklang von Sinnlichkeit und Sittlichkeit. In diesem Sinne deutet Georg Wilhelm Friedrich Hegel in seinen theologischen Jugendschriften Jesus.

Sarkastisch formuliert dagegen Friedrich Nietzsche: „zu fordern, dass Alles 'guter Mensch', Heerdenthier, blauäugig, wohlwollend, 'schöne Seele' – oder, wie Herr Herbert

Spencer es wünscht, altruistisch werden solle, hieße dem Dasein seinen großen Charakter nehmen, hieße die Menschheit castriren und auf eine armselige Chineserei herunterbringen. – Und dies hat man versucht! ... Dies eben hieß man Moral." Nach der Meinung von Theodor W. Adorno und Max Horkheimer gewährte die bürgerliche Gesellschaft der Frau „Aufnahme in die Welt der Herrschaft, aber als gebrochene", und lobte sie dann als schöne Seele; hinter dieser Fassade habe sich jedoch die Verzweiflung der Frau über ihre Unterjochung verborgen.

Im 20. Jahrhundert hat sich durch den Sprachgebrauch der Psychologie das Fremdwort „Psyche" eingebürgert. Es steht für eine nüchternere, eher wissenschaftlich orientierte Betrachtung des menschlichen Innenlebens ohne den gefühlsbetonten Beiklang von „Seele". Der Unterschied zwischen Psyche und Seele wird beispielsweise bei Goethe deutlich, der seine Figur der Iphigenie auf Tauris ausrufen lässt: „Und an dem Ufer steh ich lange Tage, das Land der Griechen mit der Seele suchend". Hier wäre auch nach dem Sprachgefühl heutiger Leser „das Land der Griechen mit der Psyche suchend" unpassend.[170]

19.6 Sekundäre Gefühle

Siehe Primäre Gefühle

[170] https://de.wikipedia.org/wiki/Seele

19.7 Serotonin

Serotonin, auch 5-Hydroxytryptamin (5-HT) oder Enteramin, ist ein Gewebshormon und Neurotransmitter. Es kommt unter anderem im Zentralnervensystem, Darmnervensystem, Herz-Kreislauf-System und im Blut vor. Der Name dieses biogenen Amins leitet sich von seiner Wirkung auf den Blutdruck ab: Serotonin ist eine Komponente des Serums, die den Tonus (Spannung) der Blutgefäße reguliert. Es wirkt außerdem auf die Magen-Darm-Tätigkeit und die Signalübertragung im Zentralnervensystem.

Das Vorkommen eines Stoffes im Blut, der die Blutgefäße kontrahiert, wurde bereits Mitte des 19. Jahrhunderts von Carl Ludwig angenommen. Vittorio Erspamer isolierte in den 1930er Jahren einen Stoff aus der Schleimhaut des Magen-Darm-Trakts, der die glatte Muskulatur kontrahieren lässt. Er nannte ihn „Enteramin".

1948 isolierten Maurice Rapport, Arda Green und Irvine Page eine Blutgefäße kontrahierende Substanz und gaben ihr den Namen „Serotonin". Die Struktur dieser Substanz, die Maurice Rapport vorschlug, konnte 1951 durch chemische Synthese bestätigt werden. Kurz darauf konnte Vittorio Erspamer zeigen, dass das von ihm gefundene Enteramin und Rapports Serotonin identisch sind. Irvine Page und Betty Twarog gelang 1953 mit dem Nachweis von Serotonin im Gehirn eine weitere wichtige Entdeckung.

Nach der Entdeckung des Serotonins wurden die für seine Wirkung verantwortlichen Rezeptoren intensiv untersucht.

John Gaddum führte eine erste Unterscheidung in „D"- und „M"-Rezeptoren ein. Doch erst mit der Etablierung molekularbiologischer Methoden in den 1990er Jahren wurde offensichtlich, dass beim Menschen mindestens 14 verschiedene Serotonin-Rezeptoren existieren, die für die vielfältigen Wirkungen des Serotonins verantwortlich sind.[171]

19.8 Sozialphobie

Soziale Phobien (oder soziale Angststörungen) gehören zur Gruppe der phobischen Störungen (Angststörungen). Das zentrale Merkmal sind ausgeprägte Ängste, in sozialen Situationen im Zentrum der Aufmerksamkeit zu stehen und sich peinlich oder beschämend zu verhalten.

Menschen mit sozialer Phobie meiden gesellschaftliche Zusammenkünfte, da sie fürchten, Erwartungen anderer nicht zu erfüllen und auf Ablehnung stoßen zu können. Sie fürchten, dass ihnen ihre Nervosität oder Angst angesehen werden könnte, was ihre Angst oftmals noch weiter verstärkt. Begleitet wird die Angst oft von körperlichen Symptomen wie zum Beispiel Erröten (siehe auch „Angst vor dem Erröten"), Zittern, Herzrasen, Schwitzen, Atemnot, Verkrampfung, Sprechhemmung und häufigen Versprechern, Schwindelgefühlen, Harndrang, Beklemmungsgefühlen in der Brust, Kopf- und Magenschmerzen, Durchfall, Übelkeit (Würgereiz) oder Panik sowie von kognitiven Symptomen wie z.B. Gedankenkreisen, Derealisation und Depersonalisation.

---

[171] https://de.wikipedia.org/wiki/Serotonin

Um all das zu vermeiden, gehen Menschen mit sozialen Ängsten Situationen, in denen sie der Bewertung durch andere ausgesetzt sind, oft von vornherein aus dem Weg. Dies kann ein berufliches und privates Weiterkommen sehr erschweren und mitunter zu vollkommener sozialer Isolation führen. Die Störung kann über einen langen Zeitraum anhalten, zudem erkranken viele Betroffene noch zusätzlich an einer Depression oder werden abhängig von Alkohol, Beruhigungsmitteln oder anderen Drogen oder Medikamenten, welche die Symptome überdecken oder verdrängen können.

Die soziale Phobie wurde von Marks und Gelder im Jahr 1966 zunächst als Angst vor sozialen Situationen beschrieben, in denen der Betroffene im Mittelpunkt der Aufmerksamkeit steht und in denen er spezielle Tätigkeiten ausführt. Im DSM-III von 1980 bezog man sich zunächst auf diese Definition, also darauf, dass es sich um eine Angst vor sehr spezifischen Situationen handelt.

Seit 1987 wird jedoch ein generalisierter Subtypus unterschieden, weil viele Patienten mehrere verschiedenartige Situationen fürchten. Obwohl eine Subtypisierung umstritten ist, findet sich im DSM-IV weiterhin die Unterscheidung zwischen dem nicht-generalisierten und generalisierten Subtyp.

Soziale Phobien beginnen meist in Kindheit und Pubertät. In bestimmtem Rahmen gelten Schüchternheit und soziale Gehemmtheit noch als normal. Die Diagnose sollte erst gestellt werden, wenn ungewöhnlich starke Ängste zu einem verhängnisvollen Vermeidungsverhalten in entsprechenden Situationen führen.

Nach Schätzungen leiden zwischen zwei bis zehn Prozent der Bevölkerung unter sozialen Ängsten. Exakte Angaben sind schwierig, da sich soziale Phobien in ihrem Schweregrad stark unterscheiden können und insbesondere der Übergang von Schüchternheit zur sozialen Phobie schwer zu bestimmen ist. Soziale Angst darf zudem nicht mit sozialen Defiziten verwechselt werden, obwohl die soziale Phobie aus sozialen Defiziten entstehen kann (oder auch erst zu diesen führen kann). Eine Repräsentativstudie mit rund 4100 Teilnehmern aus der deutschen Allgemeinbevölkerung im Alter von 18 bis 65 Jahren ermittelte anhand eines standardisierten diagnostischen Interviews eine 12-Monats-Prävalenz von 2%.

Über die gesamte Lebenszeit waren laut US-amerikanischen Studien 7-12 Prozent der erwachsenen Bevölkerung von einer sozialen Phobie betroffen; Frauen etwas häufiger als Männer.

Eng umschriebene Sozialphobien, zum Beispiel nur Furcht vor öffentlichem Sprechen und Essen, sind eher selten. Am häufigsten ist die allgemeine Sozialphobie vor den meisten Aktivitäten im zwischenmenschlichen Bereich, wie an Partys oder Familienfesten teilzunehmen, anderen zu schreiben, neue Kontakte zu knüpfen (insbesondere zu Menschen des begehrten Geschlechts) oder eine Unterhaltung mit dem

Chef, den Kollegen, den Nachbarn und selbst mit Nahestehenden zu führen.[172]

19.9 Soziopathie

Soziopathie (Kunstwort aus lateinisch socius und altgriechisch páthos (πάθος) "Leiden") ist ein Begriff der angloamerikanischen Psychiatrie für eine psychiatrische Störung vor allem des Sozialverhaltens der Person.

Geprägt wurde der Begriff 1909 von Karl Birnbaum, populär wurde er allerdings erst nach 1930 durch George Partridge. Die heutige Bedeutung des Begriffes Soziopath bezieht sich entweder auf psychopathische Personen, die nicht oder nur eingeschränkt fähig sind, Mitgefühl zu empfinden, sich nur schwer in andere hineinversetzen können und die Folgen ihres Handelns nicht abwägen können, oder – gemäß anderer Definitionen – sind Soziopathen keine Psychopathen, sondern grundsätzlich zur Empathie befähigt, verhalten sich aber dennoch antisozial.

Definitionen und diagnostische Kriterien variieren sehr stark zwischen den verschiedenen Schulen der Psychiatrie; und in nicht allen wird der Begriff überhaupt noch verwendet. Am ehesten ist Soziopathie mit dem modernen Begriff der dissozialen Persönlichkeitsstörung (auch amoralische, antisoziale, asoziale, psychopathische Persönlichkeitsstörung) gleichzusetzen.

---

[172] https://de.wikipedia.org/wiki/Soziale_Phobie

Die dissoziale Persönlichkeitsstörung ist durch ausgeprägte Diskrepanz zwischen Verhalten und geltenden sozialen Normen gekennzeichnet. Typische Merkmale sind

- Unfähigkeit, sich in andere hineinzuversetzen
- Unfähigkeit zur Verantwortungsübernahme, gleichzeitig eine klare Ablehnung und Missachtung sämtlicher sozialer Normen, Regeln und Verpflichtungen
- Unfähigkeit, längerfristige Beziehungen aufrechtzuerhalten, jedoch keine Probleme mit der Aufnahme frischer Beziehungen
- geringe Frustrationstoleranz, Neigung zu aggressivem und gewalttätigem Verhalten
- fehlendes Schuldbewusstsein
- Unfähigkeit, aus Erfahrungen zu lernen
- Ein weiteres Merkmal kann eine anhaltende Reizbarkeit sein, die sich in oder nach der Kindheit entwickeln kann.

Der Begriff Soziopath beziehungsweise Soziopathie lebte durch die Wiederentdeckung eines verwandten Phänomens auf. Die wissenschaftliche Fachwelt wurde erstmals 1848 mit dem Problem konfrontiert. Später geriet es fast in Vergessenheit. Durch die heutigen bildgebenden Verfahren und neueren Erkenntnisse im Bereich der Neurologie wird der

Begriff Soziopathie jetzt wiederverwendet. Seitdem gilt der Begriff für die neuropathologisch bedingte Unfähigkeit, soziale Kompetenzen wie Mitgefühl, Einfühlungsvermögen und Unrechtsbewusstsein zu entwickeln.

Im Jahr 1848 fand ein Ereignis statt, das Aufschluss über die Ursache des Phänomens der Soziopathie im heutigen Sinne des Wortes gab.

Bei einer Explosion erlitt der 25-jährige Phineas Gage eine schwere Kopfverletzung durch eine Metallstange. Er war Vorarbeiter einer Eisenbahngesellschaft und galt als sehr zuverlässig. Nachdem er sich wieder erholt hatte, war er ein anderer Mensch. Er wurde unzuverlässig, aggressiv, mitgefühllos und suchte bei jeder Gelegenheit Streit.

Der vermutliche Grund für diese Verhaltensänderung war ein Schaden am Vorderhirn, welches für psychische Funktionen wie Einfühlungsvermögen und psychische Impulse verantwortlich ist. Durch die Verletzung wurden diese stark beeinträchtigt. Kinder, die mit einem funktionsgestörten Vorderhirn geboren werden, sind weitgehend unfähig, die einfachsten Streitregeln zu erlernen.

Untersuchungen mittels Kernspintomographie haben gezeigt, dass das Vorderhirn bei Menschen mit einer dissozialen Persönlichkeitsstörung eine geringere Aktivität aufweist als bei psychisch gesunden Kontrollpersonen. Darüber hinaus weist der sogenannte Mandelkern (Amygdala) keine Aktivität auf.

Man vermutet, dass Soziopathen aufgrund der Arbeitsweise ihres Gehirns nicht in der Lage sind, die Folgen ihres Handelns abzuwägen.

In neueren Untersuchungen konnte die verantwortliche Gehirnregion noch genauer lokalisiert werden. Es handelt sich um den Frontallappen, genauer um die ventromediale präfrontale Region der Großhirnrinde.[173]

19.10 Spiritualität

Spiritualität (von lat. spiritus ‚Geist, Hauch' bzw. spiro ‚ich atme' – wie altgriechisch ψύχω bzw. ψυχή, siehe Psyche) bedeutet im weitesten Sinne „Geistigkeit" und bezeichnet eine auf Geistiges aller Art oder im engeren Sinn auf Geistliches in spezifisch religiösem Sinn ausgerichtete Haltung.

Spiritualität im spezifisch religiösen Sinn steht für die Vorstellung einer geistigen Verbindung zum Transzendenten, dem Jenseits oder der Unendlichkeit. Während Religiosität die Ehrfurcht vor der Ordnung und Vielfalt in der Welt und die Empfindung einer transzendenten Wirklichkeit meint, beinhaltet (religiöse) Spiritualität zudem die bewusste Hinwendung und aktive Praktizierung einer als richtig erkannten Religion oder Philosophie.

Häufig synonym verwendet wird der Begriff der Frömmigkeit, der jedoch heute eher im kirchlichen Kontext verwendet

[173] https://de.wikipedia.org/wiki/Soziopathie

wird und zudem im allgemeinen Gebrauch oft eine negative Konnotation im Sinne einer übertrieben bedingungslosen Hinwendung zur Religion hat.

Spirituelle Haltungen haben sich als Teil der intuitiven Einordnung unerklärlicher Phänomene im magisch-mythischen Denken unserer Vorfahren vermutlich schon sehr früh in der Menschheitsgeschichte entwickelt. Wie die Forschungsergebnisse der Ethnologie für viele schriftlose Kulturen gezeigt haben, gab es ursprünglich nur eine unscharfe Trennung zwischen der Welt und der Religion im Leben der Menschen, so wie wir es kennen. Spiritualität war demnach bis zur Entwicklung der klassischen Religionen ein alltägliches Verhaltensmuster.

Nicht nur die konkreten Ausprägungen der Spiritualität unterscheiden sich, sondern auch das grundsätzliche Verständnis. Erschwerend kommt hinzu, dass die Begriffe Religiosität und Spiritualität insbesondere im englischsprachigen Schrifttum oft synonym gebraucht wurden, obwohl ihnen unterschiedliche Vorstellungen zugrunde liegen.

Das 1936 erschienene Oestergaards Lexikon beschreibt spirituell als „geistig, geistreich, auch geistlich, kirchlich" und den Begriff Spiritualität als „Geistigkeit, geistiges Wesen", der im Gegensatz zur Materialität steht. Das dtv Brockhaus Lexikon von 1962 sieht Spiritualität anscheinend als Domäne der katholischen Konfession an: „kath. Kirche: die christliche Frömmigkeit, insofern sie als Werk des Geistes Gottes unter Mitwirkung des Menschen verstanden wird; auch personale Aneignung der Heilsbotschaft".

Aktuelle Nachschlagewerke setzen Spiritualität mit Frömmigkeit gleich („heute weitgehend gleichbedeutend mit Frömmigkeit" (Brockhaus Religionen, 2004); „Frömmigkeit, eine vom Glauben getragene geistige Orientierung und Lebensform" (Lexikon der Psychologie, 2000–2002)), während der Duden (1999–2004) die alten Definitionen beibehalten hat: „Geistigkeit; inneres Leben, geistiges Wesen". In den Wissenschaften wird Spiritualität hingegen zumeist im weiteren – Konfessionen und Religionen übergreifenden – Sinn verwendet und Frömmigkeit im engeren – eher kirchlich geprägten – Sinn.

Meyers Taschenlexikon (2003) betont ebenso wie das „Lexikon der Psychologie", dass Spiritualität Auswirkungen auf die Ausgestaltung des individuellen Lebens hat: [Spiritualität ist] „die durch seinen Glauben begründete und durch seine konkreten Lebensbedingungen ausgeformte geistig-geistliche Orientierung und Lebenspraxis eines Menschen".

Der Begriff Spiritualität ist im deutschen Sprachgebrauch bereits in „Meyers Großes Konversations-Lexikon", 1902–1909, sechste Aufl., Band 18 aufgeführt. Im Brockhaus von 1973 heißt es zum Stichwort: „Heute ist Spirituelles darüber hinaus zu einem vielfach verschwommenen Modewort geworden, läuft unter den Oberbegriffen Esoterik und Lebenshilfe und ist auch bereits in nahezu allen profanen Bereichen präsent."

Aktuell findet der Begriff Spiritualität auch als Schlagwort Anwendung, im Zusammenhang mit New Age und alternativer Heilkunde, und auch politisch im Programm und der Bezeichnung einer Kleinpartei wie „Die Violetten – für spirituelle Politik".

Der Psychologe Rudolf Sponsel definiert Spiritualität als mehr oder minder bewusste Beschäftigung „mit Sinn- und Wertfragen des Daseins, der Welt und der Menschen und besonders der eigenen Existenz und seiner Selbstverwirklichung im Leben". So umfasst Spiritualität auch eine besondere, nicht notwendig im konfessionellen Sinne verstandene religiöse Lebenseinstellung eines Menschen, die sich auf das transzendente oder immanente göttliche Sein konzentriert bzw. auf das Prinzip der transzendenten, nicht-personalen letzten Wahrheit oder höchsten Wirklichkeit.

Die Bedeutungsinhalte der Spiritualität sind nach Untersuchungen von Arndt Büssing u.a. (2006) vom weltanschaulichen Kontext abhängig, beziehen sich aber immer auf eine immaterielle, nicht sinnlich fassbare Wirklichkeit (Gott, Wesenheiten, etc), die dennoch erfahr- oder erahnbar ist (Erwachen, Einsicht, Erkennen) und die der Lebensgestaltung eine Orientierung gibt. Zu unterscheiden sind hier eine suchende Haltung und eine glaubend annehmende bzw. eine wissend erkennende Haltung.
Als Ausdrucksformen der Spiritualität konnten mit Hilfe von Fragebogenkonstrukten mindestens sieben Faktoren differenziert werden:

1. Gebet, Gottvertrauen und Geborgenheit

2. Erkenntnis, Weisheit und Einsicht

3. Transzendenz-Überzeugung

4. Mitgefühl, Großzügigkeit und Toleranz

5. Bewusster Umgang mit anderen, sich selbst und der Umwelt (entspricht im weitesten Sinne einem achtsamen Umgang auf horizontaler Ebene)

6. Ehrfurcht und Dankbarkeit

7. Gleichmut und Meditation

Von Büssing wurde folgender Vorschlag gemacht:

> „Mit dem Begriff Spiritualität wird eine nach Sinn und Bedeutung suchende Lebenseinstellung bezeichnet, bei der sich der/die Suchende seines/ihres ‚göttlichen' Ursprungs bewusst ist (wobei sowohl ein transzendentes als auch ein immanentes göttliches Sein gemeint sein kann, z.B. Gott, Allah, JHWH, Tao, Brahman, Prajna, All-Eines u.a.) und eine Verbundenheit mit anderen, mit der Natur, mit dem Göttlichen usw. spürt. Aus diesem Bewusstsein heraus bemüht er/sie sich um die konkrete Verwirklichung der Lehren, Erfahrungen oder Einsichten im Sinne einer individuell gelebten Spiritualität, die durchaus auch nicht-konfessionell sein kann. Dies hat unmittelbare Auswirkungen auf die Lebensführung und die ethischen Vorstellungen."

Auch der Religionspsychologe Kenneth Pargament (1999) stellt das „Suchen nach dem Heiligen" in den Vordergrund seiner Definition der Spiritualität. Die Grundhaltung ist also keine Ego-zentrierte, der „Blickwinkel" ist eindeutig auf ein transzendentes „Zentrum" gerichtet.

Die transpersonale Psychologie versteht Spiritualität als die Wahrnehmung der Einheit von Wirklichkeit und das Anerkennen des Geistigen als Realität.

Neuerdings wird der Begriff auch ohne Gottes- oder Transzendenzbezug aufgefasst, so z.B. von André Comte-Sponville in „Woran glaubt ein Atheist?: Spiritualität ohne Gott". Gerechtigkeit, Mitgefühl, Liebe, Demokratie und Menschenrechte könnten Gottgläubige, Agnostiker und Atheisten vereinen, ohne einander missionieren zu wollen.

Ähnlich auch der Dalai Lama, der als Grundspiritualität die grundlegenden menschlichen Werte der Güte, der Freundlichkeit, des Mitgefühls und der liebevollen Zuwendung bezeichnet. Insoweit könnte man von einer humanistischen Spiritualität sprechen, die darauf ausgerichtet ist, die Werte des Humanismus zur eigenen Lebenswirklichkeit werden zu lassen.

Thomas Metzinger spricht in seinem 2010 in Berlin gehaltenen Vortrag „Spiritualität und intellektuelle Redlichkeit" von einer philosophischen oder säkularisierten Spiritualität und meint damit eine epistemische und zugleich ethische Lebenseinstellung, die dem Prinzip der intellektuellen Redlichkeit folgt, der unbedingten Aufrichtigkeit, Wahrhaftigkeit und Gewissenhaftigkeit gegen sich selbst, um Irrtum und Selbsttäuschungen zu vermeiden. Intellektuelle Redlichkeit lasse nicht zu, etwas ohne zureichende Belege, Anhaltspunkte oder Indizien zu glauben (John Locke). Als dieser Spiritualität entgegengerichtet sieht er metaphysische Glaubenssysteme an. Nach seiner Abgrenzung ist Spiritualität als Erkenntnisprozess durch 4 Eigenschaften charakterisiert:

1. nicht-theoretisch (also durch praktische Erfahrung gewonnen)

2. nicht-propositional (keine Aussagen mit einem logischen Wahrheitsgehalt)

3. nicht-kognitiv (es geht nicht um gedankliche Einsichten)

4. nicht-diskursiv (die Erkenntnis ist sprachlich nicht kommunizierbar, sie kann höchstens angedeutet werden)

Nach Markolf H. Niemz leben sowohl Wissenschaft als auch Religion von spirituellen Impulsen. Er fasst sein Verständnis von Spiritualität in den prägnanten Satz: „Spiritualität ist Wahrheit, die von innen kommt."

Ein weiterer prägnanter Satz stammt aus dem Bayerischen Hospiz- und Palliativverband: „Spiritualität will das "Unerklärliche" in das eigene Leben integrieren."[174]

[174] https://de.wikipedia.org/wiki/Spiritualit%C3%A4t

19.11 Subliminal

Subliminal (lat. sub: "unter" und limen: "Schwelle", deutsch: unterschwellig; Ggtl.: supraliminal, deutsch: überschwellig) ist ein Begriff aus der Psychologie. Er bezeichnet die unterschwellige Darbietung bzw. Wahrnehmung von Reizen. „Unterschwellig" bedeutet, dass die Schwelle des Bewusstseins nicht überschritten wird, dass also Menschen die ihnen dargebotenen subliminalen Reize nicht bemerken oder sie zumindest nicht diskriminieren (trennen) können; sie sind dem Bewusstsein nicht zugänglich.

Reize können aus verschiedensten Gründen an der Schwelle bewusster Wahrnehmung scheitern, etwa wenn ihre Darbietung zu kurz ist oder das Signal-Rausch-Verhältnis oder der Darbietungszeitpunkt ungünstig sind, etwa während Sakkaden (sakkadische Suppression). Zudem kann die Wahrnehmbarkeit durch die zeitliche oder räumliche Nähe weiterer ablenkender Reize beeinträchtigt sein (Aufmerksamkeit).

Eine andere Art der Unterschwelligkeit ist die Stereotypie gewisser Reize. Wir sind so sehr an diese Darstellungen gewöhnt, dass wir sie nicht mehr bewusst wahrnehmen. In der Werbung wird von Frauen häufiger der ganze Körper gezeigt, von Männern häufiger nur der Kopf. „Männer handeln, Frauen schauen zu." Frauen werden häufiger in abhängigen Rollen dargestellt als Männer. Versicherer werben oft mit dem Versprechen, Sicherheit vor dem versicherten Risiko zu bieten - obwohl keine Unfallversicherung Unfälle verhindern kann.

In der Humanforschung werden subliminale Reize typischerweise durch eine sehr kurze (z.B. tachistoskopische) Darbietungszeit realisiert. Meist werden hierzu visuelle Reize (Bilder) nur für wenige Millisekunden argeboten und anschließend von einem zweiten Störreiz überlagert, z.B. einer Maske aus zufälligen Punkten.

Dieser Ablenkungseffekt zeigt sich z.B. bei Neglect-Patienten, die einen normalerweise deutlich wahrnehmbaren Reiz nicht mehr bewusst erkennen, wenn gleichzeitig ein zweiter Reiz in der anderen Gesichtshälfte dargeboten wird. Noch dramatischer sind in diesem Zusammenhang Berichte von Rindenblindheit nach einer Schädigung des primären visuellen Cortex. Dennoch hinterlassen auch subliminale Reize nachweisliche Spuren im Gedächtnis oder bewirken Verhaltenstendenzen, die nicht unbedingt im Einklang mit der bewussten Einstellung stehen müssen (unbewusste Informationsverarbeitung).

In den USA gab es Ende der 1950er Jahre eine Welle der Empörung, als eine Werbefirma vorgab, Kinobesucher mittels im Kinofilm versteckter Einzelbilder zu beeinflussen und die Befürchtung aufkam, dies würde schon in breiter Praxis umgesetzt. Gleichzeitig wurde eine Kampagne von James Vicary als "wissenschaftliche Studie" dargestellt, die unter dem Namen Iss-Popcorn/trink-Cola-Studie bekannt wurde. Diese "Studie" entpuppte sich als Fälschung. Sie wurde niemals durchgeführt, war vom Forschungsdesign her unwissenschaftlich und die Ergebnisse waren erfunden.

2007 rückten subliminale Botschaften wieder ins Licht der Öffentlichkeit, als der kanadische Fernsehsender CBC bei Glücksspielautomaten des Herstellers Konami zufällig entdeckte, dass dort Gewinnsymbolkombinationen kurz aufblinken. Die Wirksamkeit subliminaler Bilder und Botschaften auf Süchtige wird im Gegensatz zur unterschwelligen Werbung von Experten als kritisch eingeschätzt, da die Zielpersonen viel leichter beeinflussbar sind als die Durchschnittsbevölkerung.

Die Mehrheit der Menschen lehnt unterschwellige Werbebotschaften ab, obwohl überschwellige Werbung viel stärkere Wirkung hat.

Vorsichtiges Fazit: Zumindest als Ergänzung zu einer herkömmlichen Behandlung (z.B. Raucherentwöhnung, Psychotherapie) scheinen subliminale Botschaften eine hilfreiche Rolle spielen zu können. Möglicherweise haben subliminale Botschaften aber auch für sich alleine schon eine gewisse Wirkung.[175]

19.12 Suggestion

Der Begriff Suggestion wurde im 17./18. Jahrhundert eingeführt und bezeichnet die manipulative Beeinflussung einer Vorstellung oder Empfindung mit der Folge, dass die Manipulation nicht wahrgenommen wird oder zumindest zeitweise für das Bewusstsein nicht abrufbereit ist.

---

[175] https://de.wikipedia.org/wiki/Subliminal_(Psychologie)

Etymologisch ist er zurückführbar auf das lateinische Substantiv suggestio, -onis, was so viel bedeutet wie Hinzufügung, Eingebung oder Einflüsterung, oder auf das lateinische Verb suggerĕre (zuführen, unterschieben).

Die Psychologie versteht unter Suggestion – der Begriff wurde erstmals von James Braid verwendet – eine Beeinflussungsform von Fühlen, Denken und Handeln. Abgrenzungen oder Unterschiede zu Nachbarbereichen werden dabei allerdings kaum thematisiert. Es wird unterschieden zwischen der Autosuggestion und der Heterosuggestion, also der Beeinflussung durch sich selbst oder durch andere.

Im Themengebiet der Hypnose stellen Suggestionen unmittelbar wirkende Eingebungen durch den Hypnotisierenden dar. Posthypnotische Suggestionen wirken hingegen erst nach der Hypnose, meist auf einen vorher festgelegten Hinweisreiz (z.B. ein Wort oder eine Geste).

Zu unterscheiden ist jedenfalls zwischen Suggestion als Akt bzw. Ergebnis, Suggestibilität als Bereitschaft jener Person, der suggeriert werden soll, und Suggestivität als Potenzial, eine Suggestion platzieren zu können. In diesem Verständnis von Suggestivität kann Suggestibilität dann auch als Auto-Suggestivität – freilich anhand eines äußeren Reizes – verstanden werden.

Die Begriffe „Suggestion" und insbesondere die „Suggestibilität" werden oft auch verwendet als Synonyme für Willensbeeinflussung, Machtausübung, Gutgläubigkeit, Beeinflussbarkeit und Willensschwäche.

Bereits vor Entwicklung der Psychoanalyse nutzte Josef Breuer Suggestionen, um Hysterie zu heilen. Die Symptome werden in dieser Technik durch Auflegen einer Suggestion bekämpft, wobei die Wirkung im Laufe der Zeit verblasst und die Behandlung erneuert werden muss.

Weitere alltägliche Effekte, bei denen Suggestionen als Erklärungsansatz dienen können:

- Placebo-Effekt
- Selbsterfüllende Prophezeiung
- Werbung

Entsprechend der Bedeutung der Unterschiebung wird der Begriff Suggestion auch bei der so genannten Suggestivfrage verwendet. Dabei ist das Ziel des Fragenden, den Inhalt der Antwort direkt beim Befragten zu beeinflussen. (Beispiel: Sie waren doch am Tatort? – was beim Gegenüber eher die Antwort ja hervorrufen kann.) Diese Beeinflussung kann bereits über Mimik und Gestik, aber auch den verbalen Ausdruck geschehen. Beispielsweise gibt es unter Kellnern einen alten Trick, nach dem der Gast bei der Frage, ob man ihm nachschenken solle, durch ein leichtes Kopfnicken bzw. Kopfschütteln beeinflusst werden kann.

Suggestionen erzeugen in der Psyche labile Zustände, die im Normalfall nach einer gewissen Latenzzeit wieder in den Ausgangszustand zurückkehren.[176]

19.13 Supervision

Supervision (lateinisch für Über-Blick) ist eine Form der Beratung für Mitarbeiter, unter anderem in psychosozialen Berufen. Supervisionen werden von einem Supervisor, der zumeist eine entsprechende Qualifikation oder Zusatzausbildung hat, geleitet. Einzelpersonen, Gruppen und Organisationen lernen in der Supervision, ihr berufliches oder ehrenamtliches Handeln zu prüfen und zu verbessern. Dazu vereinbaren die Teilnehmer mit dem Supervisor Ziele. Inhalte sind die praktische Arbeit, die Rollen- und Beziehungsdynamik zwischen Mitarbeiter und Klient, die Zusammenarbeit im Team oder auch in der Organisation.

Supervision wird hauptsächlich im medizinischen, sozialen, pädagogischen und therapeutischen Bereich genutzt (Sozialarbeiter, Sozialpädagogen, Erzieher, Ärzte, Pflegepersonal, Psychotherapeuten, Lehrer, Pfarrer etc.), und zunehmend auch in der Wirtschaft (Führungskräfte).

Je nach Zielvereinbarung liegt der Fokus auf Methodenkompetenz, Werten und Normen, Persönlichkeitsmerkmalen, Gefühlen, Gedanken und Verhalten, persönlicher Entwicklung,

[176] https://de.wikipedia.org/wiki/Suggestion

Spiritualität, Zielen und Strategien, Beziehung zwischen Supervisand und Klient, Zusammenarbeit im Team bzw. in der Organisation, Schnittstellen und Synergien, Rollenerwartungen und Rollenverhalten, Diagnose von Klienten (Fallsupervision), Aufbau- und Ablauforganisation, Macht und Verantwortung, Entscheidungsprozessen, Information und Dokumentation, Qualitätsmanagement, (Sozial-)Politik, Rolle von Berufsanfängern, Einführung und Integration neuer Mitarbeiter, Führung, nachbarschaftlichen Beziehungen, Beziehungen zu Interessengruppen, Zusammenarbeit mit dem Träger.

Nicht zuletzt ist die Beziehung zwischen Supervisor und Supervisand(en) wichtig und auch oft modellhaft Thema. Supervision beinhaltet oft auch Elemente von Psychotherapie und Organisationsentwicklung. Fokus und Inhalt sind eng mit dem Setting verknüpft.

Das formale Kontrollieren von Mitarbeitern, die Dienste leisten, ist ein Ansatz, der generell die Fiktion beinhaltet, dass nachgetragene Auswertungen einen authentischen Überblick über das Leistungsverhalten geben. Es ist jedoch bekannt, dass die Kontrollvermerke und das tatsächliche Leistungsverhalten auch schwach korrelieren, wenn der Mitarbeiter die Kontrollvermerke routiniert einträgt, sein Leistungsverhalten jedoch davon abweicht.

Sobald erreicht werden kann, dass das Aufschreiben formaler Kontrolleinträge an das tatsächliche Ausführen von Diensten gebunden wird, können diese Kontrollen wirksam durch Supervision ergänzt werden. Voraussetzung für einen insgesamt geringeren Aufwand ist aber, dass die bisher bestimmten Kontrolleinträge automatisch im Workflow generiert werden und dabei nicht manipuliert werden können. Das ist durch ein Erfassen von signifikanten Ereignissen bei bekanntem, weil geplantem Kontext und durch zuverlässige Zeitmarken möglich. Dann kann durch Supervision das Leistungsverhalten abgetrennt eingeschätzt werden.

Je nach historischer Wurzel und „Schule" wird eher tiefenpsychologisch, gruppenarbeiterisch, klientzentriert, systemisch, konstruktivistisch-systemisch oder integrativ gedacht. Je nach Schule werden entsprechend unterschiedliche Schwerpunkte gesetzt: analytische Reflexion, Hier-und-Jetzt, Lösungsorientierung, Betrachtung der Affekte im systemischen Kontext, Respektlosigkeit gegenüber Gewissheiten etc. Allen gemeinsam ist die Vereinbarung von Zielen für einen bestimmten Zeitraum und die regelmäßige Erfolgskontrolle. Es geht also immer um Ziele, eine Bestandsaufnahme, die Reflexion von Erfahrungen - und dann um die Umsetzung von Fähigkeiten in Richtung auf das vereinbarte Ziel.

In der Praxis steht schulenübergreifend ein breites Methodeninventar zur Verfügung und wird situationsspezifisch eingesetzt: was wirkt ist gut. Dazu gehören u.a. Psychodrama, Gruppendynamik, Gestalttherapie, NLP, Themenzentrierte Interaktion, Erlebnispädagogik, systemische Therapie, Grupo Operativo, Rollenspiel, Videoanalyse, Hausaufgaben und vieles mehr.

Ursprünglich verstand man als Supervision die Praxisberatung in der sozialen Arbeit. Insbesondere in den USA war Supervision die Aufsicht und Anleitung durch einen Vorgesetzten. Dabei handelte es sich zunächst um freiwillige Sozialhelfer, die von professionellen Sozialarbeitern supervidiert wurden. Supervision diente hier dem Vorgesetzten dazu, professionelles Handeln in seinem Sinne mit dem ausführenden Mitarbeiter durchzusprechen und zu bestimmtem Verhalten anzuleiten. Supervisor war oft der direkte Vorgesetzte. Das heutige Mentoring hat diesen Ansatz übernommen. Manchmal wird auch Coaching so verstanden und eingesetzt. Supervision wird heute in der Regel von externen und unabhängigen Supervisoren geleistet und etliche Berufsverbände schließen eine hierarchische Supervision aus.

Michael Balint, ein ungarischer Psychoanalytiker, entwickelte in den 1950er Jahren in Großbritannien eine Reflexions-Gruppe für Ärzte, bei der der Supervisor in Gruppen die Beziehung der Ärzte zu ihren Patienten thematisierte und Spiegelungsphänomene in der Gruppe ansprach. Balintgruppen werden auch in anderen Berufsgruppen, wie zum Beispiel bei Krankenpflegern, Seelsorgern, Lehrern und Führungskräften genutzt. Die Deutsche Balint-Gesellschaft e.V. hat sich auf die Supervision von Ärzten beschränkt.

Im letzten Jahrzehnt ist die Supervision um die Tradition der Organisationssoziologie und -psychologie bereichert worden: Arbeit wird nicht vom Individuum im luftleeren Raum vollzogen, sondern geschieht immer in einer Rolle (das Gesamt der Erwartungen an den eingenommenen Status), die eingebunden ist in einen organisationalen Kontext. Sowohl strukturelle Hierarchien als auch individuelle Arbeitsvollzüge prägen das Rollenverhalten und damit auch das innere Erleben des Betreffenden. Nur wenn diese Schnittstelle von inneren Bedürfnissen und äußeren Anforderungen von den Menschen bewältigt wird, äußert sich dies z.B. in Form von „Zufriedenheit am Arbeitsplatz". Konzeptionell müssen dabei die Denkkategorien: Normen, Geschäftsprozesse, Interaktion und Emotion beachtet werden, da Organisation als offenes System zu behandeln ist.

In Balint-Gruppen besprechen Ärzte, Pfleger, Sanitäter, Therapeuten (oder Vertreter anderer Professionen mit Belastungssituationen) anhand eigener Fallgeschichten ihre Beziehung zu Patienten. Ein wesentlicher Inhalt ist dabei immer die eigene Persönlichkeit und die Übertragung und Gegenübertragung zwischen Therapeut und Patient. Die Balint-Gruppe dient neben der Lehranalyse auch zur Ausbildung zum Psychoanalytiker.

Supervision und Coaching sind lediglich ähnliche Namen für vergleichbare Verfahren. Supervision stammt aus dem psychosozialen Bereich („nonprofit" bzw. „socialprofit"). Supervision wird zunehmend auch in der Wirtschaft („Profit") angewendet, dort aber oft unter der neudeutschen Bezeichnung „Coaching". Führungskräfte im psychosozialen Bereich nennen die Methode eher „Supervision" (insbesondere, wenn sie klientennah arbeiten oder eine niedrige Führungsposition ausfüllen). Führungskräfte mit höheren Positionen und solche in der Wirtschaft nennen es eher Coaching.

Supervision zielt eher auf das Verhalten von Fachleuten gegenüber Klienten, Kunden, Patienten, oft unter Einbezug des ganzen Teams und in Bezug auf die Organisation. Coaching zielt eher auf das Verhalten von einzelnen Führungskräften gegenüber Mitarbeitern.

Persönlichkeitsentwicklung ist ein wesentliches Element von Supervision, manchmal auch mit therapeutischen Inhalten, aber eben nur eines unter vielen. In der Psychotherapie hingegen sind die Entwicklung der Persönlichkeit und das Beheben von Störungen das zentrale Element.

Die Erforschung der Supervision ist eine junge Disziplin und noch nicht lange an Universitäten und Forschungseinrichtungen verankert (z.B. FU Amsterdam, Kassel, Würzburg, Krems, Salzburg, EAG Hückeswagen, zak Basel). So steht die Forschung, aber auch die Theorieentwicklung noch in den Anfängen. Eine fundierte, eigenständige und allgemein anerkannte Supervisionstheorie liegt nicht vor. Eine übergreifende Praxeologie fehlt.

Nach einer Dokumentation der internationalen Forschungslage („Supervision auf dem Prüfstand") gibt es bislang nur wenige kontrollierte Studien. Von einer generellen Wirksamkeit aller Supervisionsverfahren ist bisher nicht auszugehen, und schulenspezifische Wirksamkeitsstudien gibt es bislang nur vereinzelt. Wirkungen auf der Ebene des Supervisandensystems sind (unspezifisch) nachgewiesen: die Supervidierten geben an, von Supervision zu profitieren, Teamkommunikation verbessert sich, Problembewusstsein wächst. Nachgewiesen wurden positive Veränderungen der Kommunikationsstrukturen in einer Supervisionsgruppe, was eine neue Forschungsperspektive auf Supervisionsprozesse eröffnet (Diskursanalyse) und die Annäherung von Methoden der Wirkungsforschung schulischer und supervisorischer Lernprozesse nahelegt.

Burnoutprophylaktische Wirkungen auf der Ebene des Klienten/Patientensystems sind bislang, anders als vielfach angenommen, noch nicht nachgewiesen worden. Zahlreiche Studien zeigen: die Akzeptanz in den verschiedenen Feldern ist sehr unterschiedlich, in sozialpädagogischen Bereichen ist sie gut, in klinischen und gerontologischen Bereichen ist sie nicht sehr hoch. So werden in drei Multicenterstudien (AU, D, Ch) von den befragten Schwestern, Pflegern, Altenhelfern bei ihren Supervisoren mangelnde Feldkompetenz (z.B. Institutionswissen) und Fachkompetenz (pflege- und gerontowissenschaftliche Kenntnisse) beklagt (nur knapp 30% der Supervisoren wurden in diesem Bereich als feld/fachkompetent attribuiert!). Es besteht also ein großer Forschungsbedarf, um Supervision als Instrument der Qualitätssicherung zu bestätigen. Initiativen hierzu wurden in jüngster Zeit unternommen.

In der Ausbildung von Psychotherapeuten ist in Deutschland entsprechend der „Ausbildungs- und Prüfungsverordnung für Psychologische Psychotherapeuten (PsychTh-APrV)" eine Supervision zwingend vorgesehen. Dabei handelt es sich nicht um Supervision durch einen ausgebildeten Supervisor im Sinne dieses Artikels, sondern um die Überwachung der therapeutischen Tätigkeit des auszubildenden

Therapeuten durch einen erfahrenen Kollegen oder Lehrtherapeuten.[177]

19.14 Sternzeichen

Sternzeichen bzw. Tierkreiszeichen sind die Symbolbilder, die den einzelnen Abschnitten des Tierkreises zugeordnet sind. Seit der Antike wurde dabei die Ekliptik in zwölf gleiche Sektoren geteilt: die bis heute bekannten und gebräuchlichen Tierkreiszeichen, die sich an den Eckpunkten im Jahreskreis ausrichten, also der Frühlingstagundnachtgleiche, der Sommersonnenwende, der Herbsttagundnachtgleiche und der Wintersonnenwende.

Die Tierkreiszeichen wurden in der Antike zunächst mit den gleichnamigen Sternbildern assoziiert, die sich in den jeweiligen Abschnitten befanden; sie dürfen aber nicht mit diesen verwechselt werden. Denn infolge der Präzession (einer Periode von 25.800 Jahren), die ebenfalls bereits in der Antike durch Hipparchos beschrieben wurde, sind die Tierkreiszeichen mittlerweile um etwa 30° zu den jeweiligen Sternbildern verschoben.

Der vollständige Tierkreis und seine Aufteilung in „Zeichen" zu 30° wurde schließlich im 5. Jh. v. Chr. während des Achämenidenreichs im Gebiet Mesopotamiens entwickelt bzw. erstmals überliefert. Ebenfalls im Achämenidenreich entwi-

[177] https://de.wikipedia.org/wiki/Supervision

ckelte sich im 4. Jh. v. Chr. mit der antik erstmals nachweisbaren mathematische Astronomie die Fähigkeit, die Planetenpositionen vorauszuberechnen auf Basis des Koordinatensystems der 30°-Abschnitte, der einzelnen Tierkreiszeichen des Tierkreises.

Auf der Ekliptik liegt auch das 13. Sternbild Schlangenträger. Zur Zeit der Entstehung und Benennung der Tierkreiszeichen und Sternbilder wurden die unteren Sterne aus dem Schlangenträger aber noch dem Skorpion zugeordnet, und so befanden sich nur 12 Sternbilder auf der Ekliptik - die in etwa den zwölf Monaten eines Jahres entsprechen.

Als Tierkreis bzw. Zodiak (lat./gr. von Zodiakos, ζῳδιακός, „Lebewesenkreis") wird eine etwa 20 Grad breite Zone um die Ekliptik bezeichnet, innerhalb derer die scheinbaren Bahnen von Sonne, Mond und Planeten verlaufen. Die Mittellinie der unsichtbaren großen Straße des Himmels nannten die Griechen die Ekliptik, weil in ihr die Eklipsen, die Sonnen- und Mondfinsternisse, stattfinden. Die Ekliptik dient als Messkreis für die Positionsbestimmung der Gestirne und der astrologischen Schnittpunkte Medium coeli (MC), Aszendent, Mondknoten und Widderpunkt.

Es gibt zwei verschiedene Tierkreise, die die Ekliptik in zwölf Tierkreiszeichen aufteilen: den tropischen Tierkreis, der sich unabhängig von den Sternen am Jahreslauf ausrichtet, und den siderischen Tierkreis, der sich an den Sternbildern im Bereich der Ekliptik orientiert.

Als um 300 v. Chr. das astrologische System im hellenistisch geprägten Alexandria entwickelt wurde, stimmten der tropische und der siderische Tierkreis überein. Im Vergleich mit damals stehen die beiden Tierkreise heute jedoch ca. 30° verschoben zueinander. Das liegt daran, dass die für die Jahreszeiten maßgebliche Erdachse torkelt, ähnlich wie ein Spielzeugkreisel nur ganz langsam, eine Runde in ca. 25.800 Jahren, was auch als Präzession bekannt ist. Mit einer Geschwindigkeit von 1° in rund 72 Jahren wandert dabei aus Sicht der Erde der Frühlings- oder Widderpunkt im Uhrzeigersinn durch die unterschiedlich großen Sternbilder. Zur Zeit um Christi Geburt wechselte er vom Sternbild Widder in das Sternbild Fische, was als Beginn des Fische-Zeitalters verstanden wurde.

In Europa und der westlichen Astrologie wird der tropische Tierkreis verwendet. Seine Ausrichtung an den vier Wendepunkten im Jahreskreis gab dem tropischen Tierkreis seinen Namen, der sich ableitet vom griechischen τρόποι, trópoi, was „Wendungen, Wendepunkte" bedeutet. Anhand dieser Wendepunkte wird die Ekliptik in 12 gleich große Abschnitte zu 30° unterteilt, die Tierkreiszeichen, die mit Widder beginnen, am sogenannten Widderpunkt.

Der siderische Tierkreis (von lateinisch sidus, „Stern") gehört zu den überwiegend indisch ausgerichteten Methoden. In der Vedischen Astrologie werden dabei die verschieden großen Sternbilder auf ein gleiches Maß von jeweils 30° gebracht. Nicht die Eckpunkte im Jahreskreis, sondern die Sternbilder als Messskala werden benutzt, wie schon bei den

Babyloniern. Die siderische Astrologie kennt jedoch verschiedene Einteilungen der Sternbildgrößen.

Sternbildähnliche Fixsterngruppen fanden spätestens ab dem zweiten Jahrtausend v. Chr. im Alten Ägypten als Tagewählkalender Berücksichtigung, nach gleichem Prinzip auch in Mesopotamien. Deutungen gehen auf eine in der altägyptischen Spätzeit (etwa 664–332 v. Chr.) erfolgte Verschmelzung mit den babylonischen Tierkreiszeichen zurück.
Herodot beschrieb Mitte des fünften Jahrhunderts v. Chr. die vermutlich mit den Dekansternen im Zusammenhang stehenden Aussagen:

> „Ferner ist von den Ägyptern auch zuerst festgestellt worden, welcher Monat und Tag den einzelnen Göttern heilig ist und welche Schicksale, welches Ende und welchen Charakter die an diesem oder jenem Tage Geborenen haben werden. Griechische Dichter haben diese Dinge ebenfalls übernommen. Und Vorzeichen haben die Ägypter weit mehr herausgefunden als alle anderen Völker. Wenn etwas Auffälliges geschieht, achten sie auf dessen Folgen und schreiben sie auf. Bei einem ähnlichen Vorfall in der Zukunft glauben sie dann, es müssten wieder die gleichen Folgen eintreten."

Im Hellenismus bzw. ägyptischen Ptolemäerreich wurde der importierte babylonische Tierkreis mit der Idee der am Horizont aufsteigenden Dekansterne verbunden. Später fand der Gedanke, den einzelnen Tierkreiszeichen bestimmte

Grunddeutungen zuzuordnen, seine Fortsetzung. Astrologisch-astronomische Traditionen aus dem mesopotamischen Raum bzw. dem (neubabylonischen) und Achämenidenreich wurden mit den Bedeutungen der bereits seit langem in Ägypten (s. ägyptischer Kalender und Nutbuch) praktizierten Unterteilung des Fixsternhimmels in Dekane und Grade vermischt. Später entwickelten sich daraus die eigenständige Dekan- und Grad-Astrologie. Jedem Gradabschnitt wurde eine zusätzliche Bedeutung zugeordnet. Ergänzt wurden die Deutungen um die Vier-Elemente-Lehre (Wasser, Luft, Feuer, Erde), die sich vom 6. bis 5. Jahrhundert v. Chr. ausgebildet hatte und Bestandteil griechischen Alltagsdenkens war:

- Wasser, Thales von Milet (624–546 v. Chr.)
- Luft, Anaximenes (585–525 v. Chr.)
- Feuer, Heraklit (ca. 540–475 v. Chr.)
- Erde, Empedokles, (ca. um 500 v. Chr.)

Der Vier-Elemente-Lehre folgte um 500 v. Chr. die Harmonielehre der Pythagoreer (begründet von Pythagoras, 570–510). Sie widmeten sich u.a. der Geometrie und Zahlensymbolik. Mit Zählsteinen legten sie geometrische Figuren (z.B. Trigone und Vierecke). Die Vierheit (Tetraktys) hatte große Bedeutung, weil die Gesamtheit der Zahlen 1, 2, 3 und 4 die Summe 10 ergibt. Des Weiteren wurde der Gegensatz von geraden und ungeraden Zahlen sowie nach weiblich und männlich unterschieden. Das ergab die Zuordnungen: gerade für unbegrenzt und weiblich, sowie ungerade für begrenzt und männlich.

Aristoteles (384–322 v. Chr.) erweiterte die Vier-Elemente-Lehre mit den Zuordnungen Trockenheit bzw. Feuchtigkeit und Wärme bzw. Kälte. Die sich daraus bildende Zusammenstellung führte zu einer Ordnung mit folgender Kombination:

- Trockenheit und Wärme das Feuer
- Feuchtigkeit und Wärme die Luft
- Feuchtigkeit und Kälte das Wasser
- Trockenheit und Kälte die Erde

Astrologen ließen sich von der Vier-Elemente-Lehre und von Aristoteles' Ergänzungen anregen und setzten sie in Beziehung zum Tierkreis. Dabei half ihnen eine wissenschaftliche, physikalische Betrachtungsweise, indem sie sich an den jährlichen Lauf der Sonne hielten - was schließlich den tropischen Tierkreis entstehen ließ. Die Sonne tritt im Frühling in das Zeichen Widder, im Sommer in das des Krebses, im Herbst in das der Waage und im Winter in das des Steinbocks.

Die Schnittpunkte der vier Jahreszeiten mit Linien verbunden ergibt ein Quadrat. Es hat nach Pythagoras aufgrund der Summe, 1 + 2 + 3 + 4 = 10, eine große Bedeutung. Zwischen den Schnittpunkten liegen jedes Mal drei aufeinander folgende Tierkreiszeichen, denen eine abgestufte Bedeutung zukommt: das erste Zeichen stark (kardinal), das zweite mittelstark (fix, gemeinschaftlich), das dritte veränderlich (fallend, beweglich).

Die einmal begonnenen Zuordnungen wurden im Laufe der folgenden Jahrhunderte immer mehr verdichtet, wobei sie sich auf Überlieferungen und Vorlagen aus früheren Zeiten bezogen, z.B. Geographie, Wetterkunde und Medizin, deren Anfänge bei Hippokrates (um 460–370 v. Chr.) zu finden sind.

Es kamen die Verteilung der Gestirne (Sonne, Mond und Planeten), Tiere, Pflanzen, Edelsteine und Metalle, später die Stämme Israels und die vier Apostel, s. u. Evangelistensymbole, Persönlichkeitsmerkmale, Berufe und Partnerschaften und Lebensabschnitte dazu sowie die astrologische Medizin (Iatroastrologie), die die Glieder des menschlichen Körpers vom Kopf bis zu den Füßen den zwölf Tierkreiszeichen zuordnete, ähnlich wie dargestellt in der Abbildung des Tierkreiszeichenmannes, Homo signorum. Auf diese Weise spiegelte schließlich alles physische Leben auf Erden sich im Tierkreis wider.

Angesichts der immer komplexeren Ausgestaltung des Tierkreises mit Deutungen und Einteilungen, ergänzt u.a. um Tabellen für günstige bzw. ungünstige, verhängnisvolle bzw. unheilvolle und neutrale Tage sowie Jahres-, Monats- und Tagesregenten, begann sich um die Zeitenwende eine eigenständige Tierkreisastrologie zu etablieren. In der Praxis beschränkte sie sich auf den Geburtstag als Grundlage, wodurch sie sich zur ausschließlichen Kalenderdeutung wandelte. Als Vorläufer kann die „Tabula Bianchini", eine Sternwahrsagetafel, ein astromantisches Würfelbrett, entwickelt um 3.–2. Jahrhundert v. Chr., angesehen werden.

Mit der eigentlichen, der ernsten Astrologie (s. u.), zu deren Selbstverständnis die gewissenhafte Berechnung der Positionen von Sonne, Mond und Planeten gehört, hatte sie keine Ähnlichkeit mehr, bediente sich aber nach wie vor ihres Namens, vielleicht um bedeutungsvoller zu erscheinen.

Die Kalenderdeutung, vermischt mit Volksaberglauben und Brauchtum, begünstigte den Beginn der vereinfachten, oberflächlichen Laien- und Unterhaltungsastrologie. Sie blühte innerhalb weniger Jahrhunderte zu ungeahnter Größe auf, Jahresbilder, Monatsbilder, Planetenkinder kamen hinzu, wozu auch die Kunst in Malerei, Architektur, Bildhauerei, Literatur und Musik erheblich beitrug, die sich von der Idee, im Tierkreis spiegele sich alles Irdisch-Menschliche wider, kreativ inspirieren ließ (Beispiele: Albrecht Dürer, 1471–1528, Melencolia I/Melancholia und Illustration zu Theoderich Ulsenius' Syphilisgedicht; Sammlung Aby Warburg, und Monatsbilder im Palazzo Schifanoia; außerdem viele Fresken, Wand- und Deckenmalereien, Marmortafeln, aufwendige Holzschnitte für Handschriften).

Ihre phantasiereichen Vertreter traf man in erlauchten Kreisen ebenso wie auf Straßen, Jahrmärkten und im Zirkus; auch redegewandte Scharlatane und Betrüger fanden sich ein, die versuchten, die Leichtgläubigkeit der Menschen mit ihren doppelsinnigen, vagen und allgemeingültigen, aber glaubhaft wirkenden Wahrsagetexten zu beeindrucken. Die Kalenderdeutung hatte für jeden Geschmack etwas dabei und bot Beschreibungen an, die allesamt dem Barnum-Effekt zuzuordnen sind.

Mit der Erfindung des Buchdrucks im 15. Jahrhundert wuchs ihre Verbreitungsmöglichkeit sprunghaft. Ihre millionenfache Abhandlung erfolgt bis heute durch Printmedien, auf Karten und Kalendern, Amuletten und Textilien aller Art, in TV- und Rundfunksendungen, im Internet usw. Sie ist international Bestandteil des Alltags geworden. Dies gilt sinngemäß für die chinesische Astrologie, die ebenfalls der Kalenderdeutung zuzuordnen ist.

Der an Astrologie glaubende Teil der Bevölkerung hält die Kalenderastrologie für die eigentlich richtige Astrologie. Im Jahre 1975 wurde eine Erklärung mit dem Titel Einwände gegen die Astrologie veröffentlicht. Einleitend heißt es: „Wissenschaftler verschiedener Fachbereiche haben sich mit der zunehmenden Beliebtheit der Astrologie in vielen Teilen der Welt beschäftigt. Wir, die Unterzeichneten – Astronomen, Astrophysiker und Naturwissenschaftler anderer Fachrichtungen – möchten die Öffentlichkeit vor einem ungeprüften Vertrauen zu den Vorhersagen und Ratschlägen warnen, die Astrologen privat und öffentlich machen und erteilen. Wer an die Astrologie glauben möchte, sollte sich vor Augen halten, dass es für ihre Lehren keine wissenschaftliche Grundlage gibt." Die Erklärung unterzeichneten 186 Wissenschaftler, darunter 18 Nobelpreisträger.

1997 erschien das Buch Die Akte Astrologie von Gunter Sachs. Sachs' Mitarbeiter, bestehend aus Mathematikern und Statistikern, überprüften über 20 Millionen schweizerische, englische, deutsche und französische Daten. Seine Feststellung, es gebe signifikante Zusammenhänge zwischen den Tierkreiszeichen und verschiedenen Verhaltensweisen, etwa bei Eheschließung, Berufswahl, Verkehrsverhalten oder Neigung zum Suizid, wurde von verschiedenen anderen Wissenschaftlern (Mathematiker, Statistiker) gegensätzlich bewertet. Einige bestätigten Sachs, andere widersprachen, weil sie die statistische Aussagekraft der Studie anders beurteilten.

Das Datum der Geburt innerhalb des Jahreszyklus könnte einen Einfluss auf den Charakter der Menschen haben, wirkt es sich doch auf die Lebensbedingungen in den prägenden ersten Lebensmonaten und -jahren aus. Sicher ist jedoch, dass diese Lebensbedingungen nichts mit der mythologischen Bedeutung der einmal willkürlich gewählten Bezeichnungen von Sternbildern und Sternen zu tun haben.

Mit der Tierkreisastrologie befasste sich auch das dänisch-deutsche Forscherteam um Peter Hartmann in einer großangelegten Studie. Es wertete die Daten von insgesamt mehr als 15.000 Personen statistisch aus und stellte fest: ein Zusammenhang zwischen Geburtsdatum – und damit auch dem Tierkreiszeichen, in dem zum Zeitpunkt der Geburt die Sonne steht – und individuellen Persönlichkeitsmerkmalen konnte nicht nachgewiesen werden.[178]

[178] https://de.wikipedia.org/wiki/Tierkreiszeichen

19.15 Strategische Therapie

Die Strategisch-Behaviorale Therapie. (SBT) ist eine 1994 von Serge K. D. Sulz entwickelte verhaltenstherapeutisch orientierte Psychotherapiemethode. Sie wurde zunächst unter dem Namen Strategische Kurzzeittherapie (SKT) entwickelt und 2009 in Strategisch-Behaviorale Therapie umbenannt. Sie wird von den Autoren zur dritten Generation („third wave therapy") der Verhaltenstherapie gezählt, zu der unter anderem auch die Dialektisch-Behavioralen Therapie (DBT), der Akzeptanz- und Commitmenttherapie (ACT), Schematherapie, Cognitive Behavioral Analysis System of Psychotherapy (CBASP), und die Achtsamkeitsbasierte Kognitive Therapie (MBCT) gehören.

Die Strategische Kurzzeittherapie (SKT) definiert sich als kognitive Verhaltenstherapie. Wesentliche Einflüsse sind die systemtheoretische Variante von Kanfers Selbstregulationsmodell, Watzlawicks Konzept des Konstruktivismus und die Entwicklungstheorie von Jean Piaget und Robert Kegan. Das zentrale Konstrukt des Ansatzes, die dysfunktionale Überlebensregel, wurde in Anlehnung an die Theorie der dysfunktionalen Grundannahmen von Beck entwickelt. Das ebenfalls zentrale Konstrukt der Akzeptanz findet sich ebenfalls in der Dialektisch-Behavioralen Therapie, der Akzeptanz- und Commitmenttherapie, sowie der Integrativen Paartherapie nach Jacobson.

Die Umbenennung von SKT in SBT erfolgte, da die ursprünglich veranschlagte kurze Therapiedauer von 25 Sitzungen sich nicht als ausreichend erwies, und in der Regel 45 bis 60

Sitzungen benötigt wurden (es sich also nicht mehr um eine Kurzzeittherapie handelte).

Im Gegensatz zur Dialektisch-Behavioralen Therapie oder zur Schematherapie ist die SBT auf Achse-I-Störungen (also z.B. Depressionen, Angststörungen, und nicht auf Persönlichkeitsstörungen) ausgerichtet, was eine kürzere Therapiedauer ermöglicht.

Eine Überlebensregel wird als affektiv-kognitives Schema beschrieben, das sich zur Bewältigung kindlicher Erfahrungen herausgebildet hat und im Normalfall nicht bewusst ist. Während diese Überlebensregel sich in der Kindheit (zum Überleben) bewährt hat, führt sie durch die (unbewusste) unflexible Anwendung im späteren Leben zu Problemen. Sulz und Hauke geben folgendes Beispiel für eine (dysfunktionale) Überlebensregel bei einer Angstpatientin:

- Nur wenn ich immer für andere angenehm und pflegeleicht bin
- niemals Ärger zeige, Konflikte anspreche, eigene Wege gehe,
- dann bewahre ich mir Schutz, Geborgenheit, Wohlwollen
- und verhindere, allein und hilflos zu sein.

Es gibt sechs Module, die sich alle auf die Überlebensregel beziehen:

- Achtsamkeit, Körperwahrnehmung
- Therapie der Emotionen Wut, Angst, Scham, Schuld
- Therapeutische Beziehung, Interaktion, Kommunikation
- Persönliche Werte
- Behaviorale Therapie, Erfahrungsorientierte Übungen, Experimente
- Symptomtherapie, Signale erkennen und aushalten, Exposition[179]

19.16 Stress

Stress (engl. für ‚Druck, Anspannung'; lat. stringere ‚anspannen') bezeichnet zum einen durch spezifische äußere Reize (Stressoren) hervorgerufene psychische und physische Reaktionen bei Lebewesen, die zur Bewältigung besonderer Anforderungen befähigen, und zum anderen die dadurch entstehende körperliche und geistige Belastung.

Nach dem aktuellen Allostase-Konzept kommt Stress vor allem eine zentrale Bedeutung dafür zu, sich physisch und psychisch an sich verändernde Umweltbedingungen anzupassen. Stress kann auch eine evolutive Wirkung haben mit

[179] https://de.wikipedia.org/wiki/Strategisch-Behaviorale_Therapie

der Folge, dass Belastungen besser ertragen oder letztlich durch eine entsprechende Stresstoleranz neutralisiert werden. Somit kann Stress durch Selektionsvorteile einzelner Individuen Adaptation und letztlich Artbildung bewirken. Durch genetische Fixierung von Merkmalen, welche Selektionsvorteile bewirken, können sich bestimmte erbliche Eigenschaften evolutiv durchsetzen. Beispiele solcher Eigenschaften sind Sukkulenz bei Pflanzen in Trockengebieten oder Sichelzellenanämie bei Menschen in Malariagebieten.

Der Begriff Stress wurde erstmals von Walter Cannon (1914, zit. nach Lazarus & Folkman, 1984) in Bezug auf Alarmsituationen verwendet (Fight-or-flight).

Basierend auf diesen Arbeiten formulierte Hans Selye (1936, zit. nach Lazarus & Folkman, 1984) Stress als körperlichen Zustand unter Belastung, welcher durch Anspannung und Widerstand gegen äußere Stimuli (Stressoren) gekennzeichnet sei – das generelle Adaptationssyndrom (GAS). Hans Selye hatte den Begriff aus der Physik entlehnt, um die „unspezifische Reaktion des Körpers auf jegliche Anforderung" zu benennen. Stress bezeichnet in der Werkstoffkunde die Veränderung eines Materials durch äußere Krafteinwirkung: Es folgen Anspannung, Verzerrung und Verbiegung.

Mit der kognitiven Wende wurde der Bewertung (Appraisal) und der Stress-Bewältigung (Coping) von psychologischem Stress eine zentrale Rolle zugewiesen (Lazarus und Folkman, 1984). Es gibt bis heute keine Einigung auf eine Definition und eine konzeptionelle Operationalisierung von Stress (Kahn und Byosiere, 1992). Je nach Konzeptualisierung des

Begriffs Stress existiert eine Vielzahl von Definitionsversuchen (Väänänen u.a., in press).

Das Auftreten von Stress bedarf jedenfalls einer sinnlichen Wahrnehmung des stressauslösenden Reizes sowie einer nervlichen Weiterleitung eines solchen Reizes an eine reizverarbeitende Region des Körpers. Begleiterscheinung auf biochemischer Ebene ist dabei meist die Ausschüttung von Stresshormonen und anderen Sekreten aus Drüsen. Ausgangspunkt war die Auseinandersetzung eines Tiers mit einer akuten Gefahrensituation, zum Beispiel der Begegnung mit einem Fressfeind oder einem innerartlichen Aggressor oder einer physischen Gefahr wie Waldbrand oder nur einem alarmierenden Geräusch etc. Das Tier muss dann in erhöhter Handlungsbereitschaft sein, was sowohl die Bereitschaft seiner Muskulatur und des Kreislaufs betrifft als auch seine zentralnervöse Aufmerksamkeit und Entscheidungsbereitschaft. Deshalb löst z.B. die Ausschüttung des Nebennierenhormons Adrenalin eine vegetative Wirkungskette aus, die letztlich den Blutdruck und den Blutzucker sowie den allgemeinen Muskeltonus erhöht.

Im Gehirn wird die relativ langsame Verarbeitung des Großhirns in seinem Einfluss zurückgedrängt und schematische Entscheidungsmuster des Stammhirns werden mit Vorrang genutzt. Dies geschieht durch veränderte Ausschüttungsmuster von dämpfendem Serotonin und anregendem Noradrenalin in den betreffenden Gehirnteilen. Das Tier kann dann rascher, wenn auch mit größerer Fehlerquote, reagieren.

Bei der präziseren Einschätzung der Situation durch das Großhirn käme eine angemessene Reaktion in der akuten Gefahrensituation oft lebensgefährlich langsam zustande.

Aus diesem Grund erfolgt die anfängliche Feststellung einer Gefahrensituation vielfach nicht bevorzugt über das Großhirn, sondern über schematisierte Auslösemuster, auf welche evolutionsgeschichtlich alte Stammhirn-Mechanismen reagieren: plötzlicher Schall oder plötzlicher Wechsel der Helligkeit, schrille Laute (Schreie) etc. Solche Auslösemuster kommen im modernen Alltag vieler Menschen häufig vor. Sie werden dann unspezifische Stressoren genannt und erzeugen bei jedem Auftreten eine körperliche Reaktion auf die vermeintliche Gefahr (Fight-or-flight). Bei Langzeitstress werden noch weitere Stresshormone ausgeschüttet. Steht ein Mensch dauerhaft unter Stress, kann es aufgrund der körperlichen Reaktionen zu gesundheitlichen Schäden kommen (Allgemeines Anpassungssyndrom).

Definition: Unter Stress versteht man die Beanspruchung (Auswirkung der Belastungen) des Menschen durch innere und äußere Reize oder Belastungen (objektive, auf den Menschen einwirkende Faktoren sowie deren Größen und Zeiträume). Diese können sowohl künstlich als auch natürlich, sowohl biotisch als auch abiotisch sein, sowohl auf den Körper als auch die Psyche des Menschen einwirken und letztlich als positiv oder negativ empfunden werden oder sich auswirken. Die Bewältigung der Beanspruchung ist von den persönlichen (auch gesundheitlichen) Eigenschaften und kognitiven Fähigkeiten der individuellen Person abhängig, der Umgang mit einer Bedrohung wird auch Coping genannt. Einsetzbare Verhaltensweisen sind z.B. Aggression, Flucht, Verhaltensalternativen, Akzeptanz, Änderung der Bedingung oder Verleugnung der Situation.

Als „positiver Stress" bzw. Eustress (Die griechische Vorsilbe εὖ (eu) bedeutet „wohl, gut, richtig, leicht") werden diejenigen Stressoren bezeichnet, die den Organismus zwar beanspruchen, sich aber positiv auswirken. Positiver Stress erhöht die Aufmerksamkeit und fördert die maximale Leistungsfähigkeit des Körpers, ohne ihm zu schaden. Eustress tritt beispielsweise auf, wenn ein Mensch zu bestimmten Leistungen motiviert ist, dann Zeit und Möglichkeiten hat, sich darauf vorzubereiten oder auch wenn eine (ggf. auch längere oder schwere) Krisensituation oder Krankheit dennoch positiv angegangen, bewältigt und überwunden werden kann. Im Resultat können sogar Glücksmomente empfunden werden. Eustress wirkt sich auch bei häufigem, längerfristigem Auftreten positiv auf die psychische oder physische Funktionsfähigkeit eines Organismus aus.

Stress wird erst dann negativ empfunden, wenn er häufig oder dauerhaft auftritt und körperlich und/oder psychisch nicht kompensiert werden kann und deshalb als unangenehm, bedrohlich oder überfordernd gewertet wird. Insbesondere können negative Auswirkungen auftreten, wenn die individuelle Person (auch durch ihre Interpretation der Reize) keine Möglichkeit zur Bewältigung der Situation sieht oder hat. Beispiele dafür sind Klausuren ohne Zeit oder Fähigkeit zum Lernen, eine trotz Ärztebesuch unklare oder nicht anerkannte Erkrankung. eine durch Lärm unerträgliche Wohnung ohne Möglichkeit zum Umzug, o. ä. In diesem Fall kann dauerhaft negativer Stress (auch Disstress oder Dysstress, engl. distress; die griechische Vorsilbe δύς (dys) bedeutet „miss-, schlecht") gegebenenfalls durch geeignete Hilfen oder Stressbewältigungsstrategien verhindert werden.

Abiotische Stressfaktoren wären z.B. physikalischer Natur, etwa Kälte, Hitze, Lärm, Abgase sowie natürliche und künstliche Strahlungen. Zu letzteren zählen etwa starke und übermäßig lange Sonneneinstrahlung oder sonstige, etwa hochfrequente oder radioaktive oder elektromagnetische Strahlungen. Weiterhin toxische Substanzen, z.B. Weichmacher wie etwa Diethylhexylphthalat (DEHP) in PVC-Fußbodenbelägen oder Kinderspielzeug; (Zigaretten-)Rauch und die darin enthaltenen Stoffe; Belastungen des Trinkwassers; übermäßiger und regelmäßiger Alkoholkonsum; vitalstoffarme Ernährung oder die zunehmend in einer Vielzahl von Produkten und Anwendungsverfahren der Landwirtschaft (z.B. „Krautregulierung" durch Glyphosate) angewandten – und dadurch in den menschlichen Körper aufgenommenen – Pestizide.

Biotische Faktoren wären beispielsweise Belastungen durch Krankheitserreger oder Tumore, auch chronische und autoimmune Entzündungsprozesse, die jedoch wiederum durch die oben genannten abiotischen Faktoren (Stressoren mit Auswirkungen auf Zell-Stoffwechsel und Immunsystem) beeinflusst sind. Auf emotionaler Ebene können auch psychische Belastungen wie Mobbing, bestimmte eigene Einstellungen und Erwartungshaltungen eines Menschen oder z.B. seiner Eltern, und weiterhin Befürchtungen Stressoren sein.

Stress ist also zunächst die Beanspruchung des Körpers durch solche Stressoren. Daraufhin erfolgt eine Reaktion und ggf. Anpassung des Körpers auf und an diese Faktoren, ggf. mit Hilfe von außen. Disstress führt zu einer stark erhöhten Anspannung des Körpers (Ausschüttung bestimmter Neurotransmitter und Hormone, z.B. Adrenalin und Noradrenalin) und auf Dauer zu einer Abnahme der Aufmerksamkeit und Leistungsfähigkeit. Stress bzw. Disstress wirkt erst dann schädigend auf den menschlichen Organismus, wenn Beanspruchung über den Bereich der nach seiner individuellen Physis und Psyche bzw. gesundheitlichen Verfassung möglichen Anpassung und Reparaturfunktionen (s z.B. DNA-Reparatur) des individuellen Menschen, bzw. dessen Organismus, hinaus (chronischer Stress/Einwirkungsdauer; Übermaß; ggf. multiple Faktoren) erfolgt.

In diesem Fall können o.g. Faktoren zur Beeinträchtigung des Stoffwechsels und somit zur generalisierten Beeinträchtigung von Heilungsverläufen oder (Immun-)Reaktionen auf Infektionen und Einwirkungen aller Art und/oder auf diese Weise auch vom Immunsystem ungehindert zu Zellmutationen, sprich Krebs, führen.

Schwerwiegende Lebensereignisse, die bei Menschen Stress auslösen können, sind insbesondere der Tod eines nahen Mitmenschen und die Trennung durch eine Ehescheidung. Weitere Stress-Faktoren sind:

- chronische Konflikte in der Paarbeziehung
- Zeitmangel, Termindruck
- Lärm
- Geldmangel, Armut, Schulden, Überschuldung
- fehlende Gestaltungsmöglichkeiten, mangelndes Interesse am Beruf und in der Freizeit
- große Verantwortung
- Mobbing am Arbeitsplatz, Mobbing in der Schule
- Schichtarbeit (bewirkt eine Störung des Schlaf-Wach-Rhythmus und gesundheitliche Probleme)
- Ständige Konzentration auf die Arbeit (zum Beispiel bei Fließbandarbeit)
- Angst, nicht zu genügen (Versagensangst)
- Perfektionismus (überhöhte Ansprüche an sich selbst und an andere)
- Soziale Isolation, Verachtung und Vernachlässigung
- Schlafentzug
- Reizüberflutung

- Krankheiten und Schmerzen, eigene und die von Angehörigen
- Seelische Probleme, unterschwellige Konflikte
- Schwerwiegende Ereignisse (beispielsweise ein Wohnungseinbruch, eine Operation, eine Prüfung)
- auch (unausgleichbare) Unterforderung, Langeweile und Lethargie
- Überforderung durch neue technische Entwicklungen (Technikstress, Technostress)
- Stress durch die Bedrohung des Selbst (eigenes Scheitern oder die Respektlosigkeit anderer)

Gesundheitsschädlicher Arbeits-Stress lässt sich nach dem Job-Demand-Control-Modell von Robert Karasek sowie nach dem von Johannes Siegrist entwickelten Modell einer Gratifikationskrise charakterisieren.

Ausgangspunkt für Stressbewältigungstechniken sind das transaktionale Stressmodell und die Theorie der Ressourcenerhaltung. Man unterscheidet zwischen problembezogenen und emotionsbezogenen Bewältigungsstrategien (engl. Coping).

Wenn Stress auf einem Konflikt beruht, muss dieser geklärt und gelöst werden. Stress aufgrund unbewältigter Konflikte zeigt sich in kognitiven, emotionalen, muskulären, vegetativhormonellen und sozialen Reaktionen. Entsprechende Stressbewältigungstechniken dämpfen die Stressreaktionen bzw. versuchen, diese erst gar nicht entstehen zu lassen. Beispiele: Autogenes Training, Biofeedback, Neurofeedback und Mindmachine, Feldenkrais-Methode, Progressive Muskelrelaxation (PMR), Focusing oder Achtsamkeitsbasierte Stressreduktion, Verinnerlichung von problem- bzw. emotionsorientierten Bewältigungsformen wie bei der Wahrnehmungslenkung oder positiven Selbstinstruktion, gruppenbezogene Bewältigungsstrategien wie Suche nach Unterstützung, Teambildung, rücksichtsvolles Verhalten oder aggressiv-antisoziales Coping, abgebildet im multiaxialen Copingmodell. Auch westliche angepasste Methoden aus Indien, China oder Japan, wie z.B. Qigong, Yoga oder Reiki können angewandt werden. Durch körperliche Betätigung wie im Sport kann Stress schneller vom Körper abgebaut werden.[180]

19.17 Submediation

Der von Thomas A. M. Windelschmidt konzipierte Begriff Submediation leitet sich von der Wortkombination aus Subconscious und Mediation ab und beschreibt das Konzept der Mediation unter Einbeziehung des Unterbewussten der beteiligten Personen.

Thomas A. M. Windelschmidt hält es für wichtig und zielführend, dass man die Ursachen für Entscheidungen und Verhaltensweise bei allen Beteiligten hinterfragt und, falls die

[180] https://de.wikipedia.org/wiki/Stress

Ursachen und Auslöser für die jeweiligen Haltungen, Überzeugungen und Vorbehalte sehr tief verankert sind, im Unterbewussten reframt, neu bewertet und „auflöst".

Hintergrund dieser Einschätzung ist die Erfahrung und die daraus resultierende Überzeugung von Thomas A. M. Windelschmidt, dass in Situationen, die eine Mediation erforderlich erscheinen lassen, eher selten rationale Fakten zu einer verfahrenen Situation führen, sondern fast immer emotionale Reaktionen, die auf unterbewusste Verhaltens- und Reaktionsmuster zurückzuführen sind.

Die Herausforderung bei der Submediation besteht darin, alle Beteiligten dafür zu gewinnen, die wahren Ursachen und Auslöser, die tief im Unterbewussten verankert sind und meistens auf frühkindlichen Erfahrungen beruhen, zu analysieren und mit den aktuell „schwierigen" Situationen in Verbindung zu bringen, um eine Neubewertung unter einem anderen Blickwinkel zu ermöglichen.

Die Submediation ist insbesondere für Situationen geeignet, die so verfahren sind, dass eine normale Mediation kaum noch Aussicht auf Erfolg hat. Der „Nachteil" der Submediation ist aber, dass die Beteiligten bereit sein müssen, sich ihren unterbewussten Glaubensmustern, Blockaden und Ängsten zu stellen, um sie mit Hilfe der Submediation aufzulösen.

Dabei ist die Vorgehensweise im ersten Schritt ähnlich wie bei der Shuttle-Mediation; es werden alle Beteiligten unter vier Augen befragt, wobei der Fokus nicht darauf ausgerichtet ist, „was" der jeweils Beteiligte sagt, sondern vor allem, „wie" es gesagt wird, welche Emotionen eine Rolle spielen und wie der Antagonist „gesehen" wird.

Sobald man alle Fakten zusammengetragen und alles „emotionale Beiwerk" separiert hat, folgt als nächster Schritt, herauszufinden, was die Auslöser und die Hintergründe für das „emotionale Beiwerk" sind, denn erst wenn diese „Baustellen" hinterfragt und beseitigt sind, so Thomas A. M. Windelschmidt, ist es allen Beteiligten möglich, die Dissenssituation emotionsfrei und faktenorientiert zu betrachten.

Eine solche Submediation ist in praktisch allen Lebensbereichen anwendbar, also im Familienumfeld, bei gesellschaftlichen Dissonanzen usw., ist aber speziell entwickelt worden für den Business-Bereich, weil der Aufwand einer solchen Submediation erheblich ist.

19.18 Sucht

Abhängigkeit (umgangssprachlich Sucht) bezeichnet in der Medizin das unabweisbare Verlangen nach einem bestimmten Erlebniszustand. Diesem Verlangen werden die Kräfte des Verstandes untergeordnet. Es beeinträchtigt die freie Entfaltung einer Persönlichkeit und zerstört die sozialen Bindungen und die sozialen Chancen eines Individuums. In den Fachgebieten Psychologie und Psychiatrie werden verschiedene Formen von Abhängigkeit beschrieben:

- Abhängigkeitssyndrom durch psychotrope Substanzen (substanzgebundene Abhängigkeit, stoffliche Abhängigkeit, s. a. Toleranzentwicklung)

- Schädlicher Gebrauch von körperlich nichtabhängigkeitserzeugenden Substanzen

- Substanzungebundene Abhängigkeit (nichtstoffliche Abhängigkeit),

- Co-Abhängigkeit, wenn Tun oder Unterlassen von Bezugspersonen die substanzgebundene Abhängigkeit einer Person stärkt.

In zahlreichen offiziellen und inoffiziellen Einrichtungen wird der Begriff „Sucht" allerdings weiterhin verwendet.

Im offiziellen Sprachgebrauch der Weltgesundheitsorganisation (WHO) existierte der Begriff Sucht von 1957 bis 1963. Danach wurde er zunächst durch Missbrauch und Abhängigkeit ersetzt. Schließlich wurde nach 1969 das Missbrauchskonzept zugunsten vier definierter Klassen des Gebrauchs verworfen.

1. Unerlaubter Gebrauch ist ein von der Gesellschaft nicht tolerierter Gebrauch.

2. Gefährlicher Gebrauch ist ein Gebrauch mit wahrscheinlich schädlichen Folgen für den Konsumenten.

3. Dysfunktionaler Gebrauch liegt vor, wenn psychische oder soziale Anforderungen beeinträchtigt sind.

4. Schädlicher Gebrauch hat bereits schädliche Folgen (Zellschäden, psychische Störung) hervorgerufen.

Diese Bezeichnungen haben in das ICD-10 Eingang gefunden, allerdings findet sich im Diagnostic and Statistical Manual of Mental Disorders-IV (DSM-IV) nach wie vor die Bezeichnung „Missbrauch". Aufgrund dieser WHO Klassifikation sind missbräuchliche und abhängige Konsummuster im sozial-rechtlichen Sinne Krankheiten mit Rechtsstatus.

Der professionelle und wissenschaftliche Sprachgebrauch in den Bereichen Medizin, Psychiatrie, Psychologie und Soziale Arbeit bevorzugt mittlerweile die Formulierungen des ICD-10 und spricht von Abhängigkeit und speziell vom Abhängigkeitssyndrom für substanzgebundene Abhängigkeiten. Die Vermeidung des Terminus Sucht sollte die Stigmatisierung Erkrankter vermeiden und deutlich machen, dass es sich bei Abhängigkeiten um Krankheiten handelt. Die Begrenzung des Abhängigkeitssyndroms auf stoffliche Abhängigkeiten macht zudem auf Unterschiede zu nichtstofflichen Abhängigkeiten aufmerksam; dieser Begriff ist damit differenzierter als Sucht, welche unterschiedslos stoffliche und nichtstoffliche Abhängigkeiten umfasst.

In der American Psychiatric Association war die Ersetzung durch „Abhängigkeitssyndrom" umstritten. Gegen die Verwendung des Suchtbegriffs wurde die damit einhergehende

Stigmatisierung jener Betroffenen vorgebracht, die Medikamente, welche das Zentralnervensystem beeinflussen, einnehmen und damit nach der damals geltenden Definition als „süchtig" galten. Der Begriff Sucht wurde von der American Psychiatric Association bis 1987 im DSM-III für das Abhängigkeitssyndrom verwendet.

In der Gesellschaft ist der Begriff Sucht weiterhin weit verbreitet und wird auch durch die Medien noch sehr häufig benutzt.

Die Suchtmedizin ist ein Fachbereich der Psychiatrie. Sie befasst sich mit der Vorbeugung, Erkennung, Behandlung und Rehabilitation von Krankheitsbildern im Zusammenhang mit dem schädlichen Gebrauch psychotroper Substanzen und substanzungebundener Abhängigkeit.

Forschungsschwerpunkte der Suchtmedizin sind

- die Identifizierung neurobiologischer und psychosozialer Faktoren, die für die Entwicklung von Abhängigkeitserkrankungen und für deren Bewältigung beeinflussen

- die Suche nach Möglichkeiten, wie man Rückfällen vorbeugen kann (medikamentös und/oder psychotherapeutisch)

- epidemiologische Fragestellungen zur Verbreitung und Häufigkeit von Abhängigkeiten.

Kritik am Begriff der Abhängigkeit umfasst die sprachliche Gleichsetzung von medizinisch betreuten Patienten, mit vorrangig körperlicher Abhängigkeit (z.B. Schmerzpatienten unter Morphiumbehandlung) und auch stark psychisch Abhängigen, wie Heroinabhängigen oder Alkoholikern. Diese sei irreführend und hinderlich: Sie rufe bei Schmerzpatienten Angst vor dem Vollbild der körperlichen und psychischen Abhängigkeit hervor. Im Zuge der Ausarbeitung der aktuellen Version des „Diagnostic and Statistical Manual of Mental Disorders" (DSM) von der American Psychiatric Association wurde über die Wiederaufnahme des Suchtbegriffs nachgedacht.

In der Umgangssprache wird von dem Beobachter ein, seiner Meinung nach, krankhaftes, übermäßigen oder zwanghaften Verhalten oder Gebrauch von Substanzen bezeichnet. „Süchtig nach Ruhm", „Süchtig nach Schokolade", oder ähnliche Redewendungen, haben nichts mit der Definition der Abhängigkeit im medizinischen Sinne z.B. nach den Kriterien der WHO gemein und sind zu unterscheiden[181].

19.19 Sympathomimetikum

Sympathomimetika oder Sympathikomimetika wirken stimulierend auf den Sympathikus – einen Teil des vegetativen Nervensystems, der vorwiegend ergotrop wirkt. Dadurch wird eine Erhöhung des Blutdruckes und der Herzfrequenz,

[181] https://de.wikipedia.org/wiki/Abh%C3%A4ngigkeit_(Medizin)

eine Erweiterung der Atemwege, eine allgemeine Leistungssteigerung und ein erhöhter Energieverbrauch bewirkt. Euphorie und eine Hemmung des Hungerzentrums im Zwischenhirn und somit eine Verminderung des Appetits sind weitere Folgen.

Die meisten Präparate unterliegen der Rezeptpflicht, da ihre Einnahme grundsätzlich nur unter ärztlicher Kontrolle stattfinden sollte, denn sie stellt einen erheblichen Eingriff in den menschlichen Organismus dar. So haben die meisten Sympathomimetika neben der gewünschten Wirkung, etwa einer Verbesserung der Atmung, auch unterschiedlich ausgeprägte Nebenwirkungen aus dem oben beschriebenen Spektrum; zum Beispiel eine Blutdruckerhöhung.

Direkte Sympathomimetika wirken durch Aktivierung von Adrenozeptoren, indem sie die Wirkung der physiologischen Botenstoffe (Transmitter) Adrenalin und Noradrenalin nachahmen. Es existieren Wirkstoffe, die bevorzugt an α-Rezeptoren, an β-Rezeptoren oder an beiden Rezeptortypen wirken.

Indirekte Sympathomimetika sind Substanzen, welche die Konzentration der physiologischen Transmitter im synaptischen Spalt erhöhen. Dies geschieht über eine vermehrte Ausschüttung aus präsynaptischen Nervenenden und über eine Hemmung der Wiederaufnahme. Beispiele sind Ephedrin, das eine Erweiterung der Bronchien und eine Stimulation des Kreislaufes bewirkt, sowie Amphetamin und seine Derivate wie Methylphenidat und MDMA („Ecstasy").

Eine Trennung zwischen direkter/indirekter α-sympathomimetischer Wirkung oder reiner α1/α2/β1/β2-Rezeptorenwirkung ist lediglich tendenziell möglich, da die meisten Wirkstoffe weder strikt noch hochselektiv oder gar ausschließlich einen einzigen Rezeptortyp bevorzugen.[182]

19.20 Symptom

Ein Symptom ist in der Medizin und Psychologie ein Zeichen, das auf eine Erkrankung oder Verletzung hinweist. Es kann durch einen Untersucher in Form eines Befunds erfasst oder vom Patienten selbst als Beschwerde berichtet werden. Die Gesamtheit der aus einem Krankheitsprozess resultierenden Symptome ergibt die Symptomatik (auch klinisches Bild oder Klinik genannt).

Subjektive Symptome stellen Krankheitszeichen dar, die durch den Betroffenen wahrnehmbar sind. Dagegen sind die objektiven Symptome oder klinischen Zeichen von außen wahrnehmbare Krankheitszeichen. Typische Kombinationen gleichzeitig auftretender Symptome bezeichnet man als Syndrom („Symptomverband").

Deutliche Symptome werden meist vom Patienten selbst bemerkt und geben ihm Anlass, medizinischen oder psychotherapeutischen Rat zu suchen. Diskrete und verdeckte Symptome hingegen fallen oft erst bei eingehender Befragung im Rahmen der Anamnese oder durch eine körperliche

[182] https://de.m.wikipedia.org/wiki/Sympathomimetikum

Untersuchung auf. Vielen Erkrankungen geht eine mehr oder weniger ausgedehnte sogenannte präklinische Phase ohne spezifische Symptomatik voraus.

Das Wort Symptom leitet sich von altgriechisch σύμπτωμα symptoma = ‚Zufall', ‚Begebenheit', συν syn = ‚zusammen' und πίπτειν píptein = ‚fallen' ab. Das Substantiv von letzterem ist πτῶμα ptoma = ‚Fall'.

Symptome bilden zusammen mit den sonstigen Befunden die Grundlage für die Stellung einer Diagnose. Als pathognomonisch wird ein Symptom bezeichnet, wenn es bereits für sich alleine genommen hinreichend für eine sichere Diagnosestellung ist.

Oft genügt bereits die Erhebung des Leitsymptoms und einiger weiterer Symptome, um eine Diagnose zu stellen und eine entsprechende Therapie einleiten zu können. In weniger klaren Fällen bedarf es zusätzlicher Untersuchungen, beispielsweise mittels Labordiagnostik oder bildgebender Verfahren, um ausreichende Befunde zu erhalten.

Der Ausdruck symptomatisch charakterisiert in der Medizin:

- Befunde, die für die Diagnose einer bestimmten gut bekannten Erkrankung kennzeichnend bzw. pathognomonisch sind. Als pathognomonisch bezeichnet man ein typisches Symptom für die bereits diagnostizierte oder ggf. noch zu diagnostizierende Krankheit. In diesem Sinne verwendet man die Bezeichnung

„symptomatisch" auch zur Abgrenzung spezifisch somatisch bedingter Erkrankungen etwa gegenüber psychisch bedingten Störungen. Eine symptomatische Psychose ist in diesem Sinne eine organisch bedingte, d. h. körperlich begründbare Psychose, z.B. als Folge einer unfallbedingten Hirnverletzung. – Auch nosologisch nur schwer klassifizierbare Krankheitsbilder wie die sogenannten funktionellen Syndrome werden durch die Bezeichnung „symptomatisch" als organischer Natur angesehen. Will man betonen, dass bestimmte funktionelle Syndrome keineswegs organisch bedingt sind, so benennt man sie als „essentielle Funktionsstörungen". Die Bezeichnung „essentiell" besagt, dass die ätiologische und pathogenetische Einordnung unklar ist. „Essentiell" sollte man nicht mit „psychogen" verwechseln, weil „psychogen" keine zwingende Alternative zu „organisch" darstellt

- Therapieverfahren, welche Symptome einer Erkrankung direkt bekämpfen, weil eine ursächliche Behandlung („kausal") nicht möglich oder nicht nötig ist (zum Beispiel Linderung von hohem Fieber bei Virusinfektionen oder bei palliativen Maßnahmen).

Man unterscheidet objektive und subjektive Symptome:

- Objektive Symptome sind die vom Untersucher festgestellten oder festgehaltenen pathologischen Einzelbefunde oder die von einer dritten Person (z.B. Angehörigen) berichteten Angaben zur Krankheit. In diesem

Sinne wird z.B. auch zwischen Eigenanamnese und Fremdanamnese unterschieden.

- Subjektive Symptome sind die vom Patienten selbst benannten Krankheitszeichen.

Die für ein ganz bestimmtes Krankheitsbild charakteristische Symptomengruppe wird als Symptomenkomplex bezeichnet. Allerdings wird "Symptomenkomplex" auch abweichend von dieser Definition verwendet, nämlich gleichbedeutend zu Syndrom (wenn Ätiologie (Ursache) und Pathogenese (Krankheitsentstehung) unklar sind). Ein verwandter Begriff ist Symptomentrias (= drei typische Symptome).

Gerd Huber hat gleichartige oder ähnliche Symptome, die aufgrund von ätiologisch und pathogenetisch unterschiedlicher Krankheitsauslösung entstehen, als Ausdrucksgemeinschaft von Symptomen bezeichnet.

Als Residualsymptom bezeichnet man das Zurückbleiben eines Symptoms nach der Genesung, siehe z.B. psychischer Defekt.

Unter Prodromalsymptomen versteht man unspezifische Vorläufersymptome einer Infektionskrankheit, z.B. Gliederschmerzen, Schwäche und Fieber.

Der Ausdruck „Befund“ wird im alltäglichen Sprachgebrauch häufig synonym zum Ausdruck „Symptom“ verwendet; die Begriffe unterscheidet folgendes:

- Befund enthält den empirischen Charakter (das „Gefunden-werden-können") erfasster Merkmale.
- Symptom enthält hingegen den Zeichencharakter eines Merkmals als Hinweis auf eine Erkrankung,[183]

19.21 Systemische Therapie

Systemische Therapie (auch: Systemische Familientherapie) ist ein psychotherapeutisches Verfahren, dessen Schwerpunkt auf dem sozialen Kontext psychischer Störungen, insbesondere auf Interaktionen zwischen Mitgliedern der Familie und deren sozialer Umwelt liegt. In Abgrenzung zur Psychoanalyse betonen Vertreter dieser Therapierichtung die Bedeutung impliziter Normen des Zusammenlebens für das Zustandekommen und die Überwindung psychischer Störungen (Familienregeln). Allerdings berücksichtigen auch andere Therapieformen wie zum Beispiel die Kognitive Kurzzeittherapie den 'systemischen' Aspekt. Die Systemische Therapie unterscheidet sich nach Angaben deren Vertreter dadurch, dass weitere Mitglieder des für den Patienten relevanten sozialen Umfeldes in die Behandlung mit einbezogen werden. Seit Ende 2008 wird in Deutschland die Systemische Therapie als wissenschaftliches Psychotherapieverfahren anerkannt.

[183] https://de.wikipedia.org/wiki/Symptom

Familientherapeutisches Denken entwickelte sich ab 1950 durch Nathan Ackerman. Ackerman begann, wenn eine Störung bei einem Kind vorlag, die gesamte Familie einzubeziehen. Als Schüler von Ackerman entwickelte Salvador Minuchin die strukturelle Familientherapie. In der strukturellen Familientherapie erhält die Unterscheidung familiärer Subsysteme (wie Eltern-, Kind-Systeme) hohen Stellenwert. Als Schüler von Minuchin mitentwickelte Jay Haley die strategische Familientherapie. Jay Haley beschrieb mit dem perversen Dreieck eine in Familien häufig grundlegend dysfunktionale (Kommunikations-)Struktur, was als (dysfunktionale) Triade in die Familientherapie Einzug fand und noch heute als relevantes Störungsmuster Beachtung findet.

In den 1950ern arbeitete Virginia Satir bereits mit Familienskulpturen. 1956 wurde in einem Forschungsbericht die wissenschaftsgeschichtlich prominente „Doppelbindungstheorie" (engl. „double–bind") veröffentlicht. Eine wichtige Voraussetzung dieser Entwicklungen waren die Vorarbeiten zum Themenkomplex Kybernetik durch Norbert Wiener. Auf dieser Basis entwickelte sich dann das neue Konzept der Familientherapie. Der problemlösende Ansatz der systemischen Therapie wurde in den fünfziger Jahren am Mental Research Institute (MRI) in Palo Alto (Kalifornien) von Don D. Jackson, Gregory Bateson, John Weakland und Richard Fisch entwickelt. Es entstand die Palo-Alto-Gruppe, aus der viele wichtige Familientherapeuten inspiriert wurden.

Die systemische Familientherapie entstand mit Mara Selvini Palazzoli und ihrer Mailänder Gruppe ab 1971. 1973 veröffentlichte Iván Böszörményi-Nagy seine „Invisible loyalties. Reciprocity in intergenerational family therapy", was als frühes Grundlagenwerk der Familientherapie gilt. Iván Böszörményi-Nagy gilt als wesentlich für die Mehrgenerationen-Perspektive. Von ihm stammen die Begrifflichkeiten Loyalität, Parentifizierung, Ausgleich (der Beziehungskonten bzw. Gerechtigkeit) und Ordnung in familientherapeutischen Kontexten.

Die anfängliche Gleichsetzung von Familie und System war zwar prägend in der Gründungsphase der Systemischen Therapie, rückte aber ab den 1980ern in den Hintergrund (konstruktivistische Wende). Im Laufe der Zeit haben sich methodisches Vorgehen und zugrundeliegende Prämissen differenziert, so dass sich heute mehrere Schulen voneinander abgrenzen: strukturelle und strategische Familientherapie, aber auch Familientherapie mit mehreren Generationen (Mailänder Modell und Heidelberger Schule), narrative Ansätze (nach Michael White oder Harold A. Goolishian), Familienskulpturen nach Virginia Satir, die lösungsorientierten Ansätze der Schule von Milwaukee.

Gegenwärtig orientiert sich die Systemische Therapie an drei übergeordneten Theoriesträngen:

- Selbstorganisation
- Autopoiesis (Luhmann 1984)
- Narrativer Ansatz

Als wichtigster Startpunkt einer Systemischen Therapie hat sich eine möglichst präzise Auftragsklärung im Verhältnis von Therapeut und Klient/Kunde (die Bezeichnung Patient wird überwiegend abgelehnt) herausgebildet. Sind Ziele konkretisiert und für Klienten/Kunden und Therapeuten akzeptabel, kann die eigentliche Therapie beginnen. Sollte sich eine Therapie über mehrere Sitzungen erstrecken, empfiehlt sich eine gelegentliche neue Auftragsklärung, da sich Ziele über die Zeit einer Therapie ändern können. Als präferierte Form werden wenige Termine pro Therapie mit wenn möglich größeren zeitlichen Abständen zwischen den einzelnen Sitzungen gesehen, in denen die Klienten/Kunden eventuelle neue Erkenntnisse aus den Sitzungen in ihrer eigenen Lebenspraxis ausprobieren und/oder so genannte Hausaufgaben erledigen können. Insofern zeichnet sich die systemtherapeutische Vorgehensweise durch Sparsamkeit aus, die den Schwerpunkt auf Eigeninitiative des Klienten/Kunden setzt.

Gebräuchliche Techniken, Interventionen und Methoden sind u.a.:

- Zirkuläre Fragen, die auf den vermuteten Standpunkt Dritter (auch Anwesender) abzielen

- Skalenfragen, zur Verdeutlichung von Unterschieden und Fortschritten

- Positives Konnotieren und Herausarbeiten der positiven Aspekte von problematischen Sachverhalten

- Reframing von Sachverhalten, um Bedeutungs- bzw. Interpretationsveränderungen anzuregen

- Paradoxe Intervention i.d.R. Verschreibung des problematischen Verhaltens, um Automatismen zu verändern

- Metaphernarbeit, Parabeln und Geschichten als Umgehungstechnik für potentielle „Widerstände"

- Skulptur, Darstellen von Familienbeziehungen als Standbild aus Personen im Raum

- Soziogramm, die grafische Darstellung der sozialen Beziehungen

- Reflecting Team

- Hausaufgaben diverser und individuell angepasster Art zur Erledigung zwischen den Sitzungen

In Deutschland wird seit Ende 2008 die Systemische Therapie als wissenschaftliches Psychotherapieverfahren anerkannt. Bestätigt wird die Wirksamkeit der Systemischen Therapie in der Behandlung von Erwachsenen bei:

- affektiven Störungen (F3)

- Essstörungen (F50)

- psychischen und sozialen Faktoren bei somatischen Krankheiten (F54)

- Abhängigkeiten und Missbrauch (F1, F55)

- Schizophrenie und wahnhaften Störungen (F2)

In der Behandlung von Kindern und Jugendlichen stellte der Wissenschaftliche Beirat Psychotherapie darüber hinaus eine wissenschaftliche Anerkennung für folgende Anwendungsbereiche fest:

- Affektive Störungen (F30 bis F39) und Belastungsstörungen (F43)

- Essstörungen (F50) und andere Verhaltensauffälligkeiten mit körperlichen Störungen (F5)
- Verhaltensstörungen (F90 bis F92, F94, F98) mit Beginn in der Kindheit und Jugend sowie Tic-Störungen (F95)

- Persönlichkeits- und Verhaltensstörungen (F60, F62, F68 bis F69), Störungen der Impulskontrolle (F63), Störungen der Geschlechtsidentität und Sexualstörungen (F64 bis F66), Abhängigkeit und Missbrauch (F1, F55), Schizophrenie und wahnhafte Störungen (F20 – F29)

Die Kammerversammlung der Psychotherapeutenkammer NRW hat in ihrer Sitzung am 23. Mai 2014 eine Änderung der Weiterbildungsordnung beschlossen, welche u.a. angibt, die

Systemische Therapie sei „ein gemäß § 11 PsychThG wissenschaftlich anerkanntes psychotherapeutisches Verfahren zur Feststellung, Heilung und Linderung von Störungen mit Krankheitswert, bei denen Psychotherapie indiziert ist".[184]

19.22 Systemtheorie

Systemtheorie ist eine interdisziplinäre Betrachtungsweise, in der grundlegende Aspekte und Prinzipien von Systemen zur Beschreibung und Erklärung unterschiedlich komplexer Phänomene herangezogen werden. So vielfältige Gegenstandsbereiche und Modelle wie das Sonnensystem, biologische Zellen, der Mensch, eine Familie, eine Organisation, ein Staat, aber auch Maschinen und Computernetzwerke können als Systeme aufgefasst und systemtheoretisch beschrieben werden.

Kognitive Prozesse des Erkennens und Problemlösens, die auf Konzepte der Systemtheorie Bezug nehmen, werden oft unter dem Begriff Systemdenken zusammengefasst. Die Analyse von Strukturen, Dynamiken und Funktionen soll eine umfassendere Sicht ermöglichen und realistischere Vorhersagen über das Systemverhalten erlauben. Systemtheoretische Begriffe werden in den verschiedensten wissenschaftlichen Disziplinen angewandt. „Die Systemtheorie hat von Anfang an das Ziel verfolgt, der Zersplitterung des Wissens in den wissenschaftlichen Disziplinen entgegenzuwirken."

---

[184] https://de.wikipedia.org/wiki/Systemische_Therapie

Die Systemtheorie ist sowohl eine allgemeine und eigenständige Disziplin als auch ein weitverzweigter und heterogener Rahmen für einen interdisziplinären Diskurs, der den Begriff System als Grundkonzept führt. Es gibt folglich sowohl eine allgemeine „Systemtheorie" als auch eine Vielzahl unterschiedlicher, zum Teil widersprüchlicher und konkurrierender Systemdefinitionen und -begriffe. Es hat sich heute jedoch eine relativ stabile Reihe an Begriffen und Theoremen herausgebildet, auf die sich der systemtheoretische Diskurs bezieht.

Der Begriff Allgemeine Systemtheorie geht auf den Biologen Ludwig von Bertalanffy zurück. Seine Arbeiten bilden zusammen mit der Kybernetik (Norbert Wiener, W. Ross Ashby) die grundlegenden Überlegungen dieses Wissenschaftsansatzes. Weitere wichtige Theorien stammen von Humberto Maturana und Francisco Varela (Autopoiesis), Stuart Kauffman (Selbstorganisation) und Alfred Radcliffe-Brown (Strukturfunktionalismus) sowie Talcott Parsons (Strukturfunktionalismus oder Systemfunktionalismus) und Niklas Luhmann (soziologische Systemtheorie).

Kulturgeschichtlich geht der Systembegriff bis auf Johann Heinrich Lambert zurück und wurde unter anderem von Johann Gottfried Herder übernommen und ausgearbeitet. Dies vollzieht sich vor allem an der Frage, wie man lebende Organismen und deren Selbsterhaltung und -organisation verstehen kann.

Die moderne Systemtheorie beruht auf unabhängig voneinander entwickelten Ansätzen, die später synthetisiert und erweitert wurden: Der Begriff Systemtheorie bzw. Systemlehre stammt von Ludwig von Bertalanffy. Von Bertalanffy spricht von offenen Systemen und entwickelt den Begriff der organisierten Komplexität, der den dynamischen Austausch mit der Umwelt beschreiben soll. Erst mit der Ausformulierung des Informations- begriffes ließ sich dieses Konzept jedoch weiter generalisieren. Bereits 1948 hatte Norbert Wiener mit Cybernetics (Kybernetik) einen ebenfalls zentralen Ausdruck geprägt, der heute mit dem Systembegriff eng verbunden ist. Ein weiteres verwandtes Konzept ist die Tektologie Alexander Bogdanows.

20 Buchstabe T

20.1 Telekinese

Telekinese (von altgriechisch: τῆλε tēle „fern" und κίνησις kínēsis „Bewegung") bezeichnet eine Bewegung oder Ortsveränderung von Gegenständen, die angeblich im Zusammenhang mit spiritistischen Erscheinungen oder durch geistige Kräfte bestimmter Personen auftreten. Die Parapsychologie beschäftigt sich mit der Suche nach Belegen für die Telekinese. Ein wissenschaftlich nachvollziehbarer Nachweis oder Wirkungszusammenhang ist nicht erbracht worden.

Oft wird unterschieden zwischen der Makropsychokinese, bei der Gegenstände sichtbar verformt oder bewegt werden, und der Mikropsychokinese, bei der elektronische Schaltkreise oder radioaktiver Zerfall beeinflusst werden sollen. Bei der Retro-Psychokinese sollen Daten beeinflusst werden, die bereits in der Vergangenheit erzeugt wurden.

Seltener verwendet werden die Begriffe Pyrokinese für die Fähigkeit, Feuer allein durch Gedanken zu entzünden, Kryokinese für das allein durch Gedanken verursachte Gefrieren von Wasser, Aerokinese für die Einflussnahme auf Luft, Ferrokinese für die Manipulation magnetisch beeinflussbarer Metalle und Biokinese für die Einflussnahme auf biologische Systeme.

Obwohl Geschichten über telekinetische Phänomene überliefert sind, konnte bisher kein wissenschaftlich anerkannter Nachweis ihrer Existenz erbracht werden. In den 1970er Jahren experimentierte der deutsch-amerikanische Physiker

Helmut Schmidt mit einem selbst entwickelten Zufallsgenerator auf der Basis von radioaktivem Zerfall, dessen Impulse in Lichtsignale umgesetzt wurden (d.h. entweder leuchtete ein rotes Lämpchen oder ein grünes auf). Versuchspersonen hatten die Aufgabe, diese Lichtsignale durch Gedankenkraft zu beeinflussen (z.B. das grüne Lämpchen solle häufiger aufleuchten als das rote). Und tatsächlich zeigte sich eine immer wiederholende Abweichung.

Eine 2006 durchgeführte Metaanalyse, in der 380 Studien über Psychokinese ausgewertet wurden, kam zu dem Schluss, dass Psychokinese nicht erwiesen ist. Der Effekt der Psychokinese war – umgekehrt proportional – sehr stark abhängig vom jeweiligen Versuchsumfang und zudem extrem heterogen. Das heißt, Psychokinese konnte nur bei kleinen Stichproben und nur gelegentlich beobachtet werden. Mit durchgeführten Monte-Carlo-Simulationsrechnungen kommen die Autoren zu dem Schluss, dass die Beziehung zwischen jeweiligem Versuchsumfang, beobachtetem Effekt sowie der (sehr geringen) Größe des Effektes das Ergebnis eines Publikationsbias ist.[185]

20.2 Telepathie

Telepathie (altgr. τῆλε tēle „fern", „weit" und πάθος páthos „Erfahrung", „Einwirkung") ist eine von Frederic W. H. Myers geprägte Bezeichnung für eine manchen Menschen zuge-

[185] https://de.wikipedia.org/wiki/Telekinese

schriebene Fähigkeit, Gedanken, Antriebe, Empfindungen oder Gefühle in einer Art Fernwirkung von sich auf eine andere Person oder von einer anderen Person auf sich zu übertragen; mitunter als Gedankenlesen oder Gedankenübertragung bezeichnet.

Telepathie ist eine Wortschöpfung des britischen Autors, Dichters, Kritikers und Essayisten Frederic W. H. Myers, die von ihm erstmals im Dezember 1882 vor der Society for Psychical Research (SPR) in London veröffentlicht wurde. Die bis dahin gebräuchliche Bezeichnung thought transference (deutsch: „Gedankenübertragung") für das Phänomen wurde durch Myers' Wortschöpfung abgelöst.

Myers' Wortschöpfung erfolgte im England des Viktorianischen Zeitalters, in dem etwa seit 1850 der Glauben an Spiritismus und besondere psychische Kräfte weit verbreitet und Séancen ein gängiger Zeitvertreib in wohlhabenden bürgerlichen Kreisen waren. Diese Bewegung wurde damals auch von durchaus renommierten Wissenschaftlern wie William Crookes unterstützt, der überzeugt war, bei der Untersuchung der damals berühmten Medien Daniel Home und Florence Cook eine neue psychische Kraft experimentell nachgewiesen zu haben.

Auch der Elektroingenieur Cromwell Fleetwood Varley und der Biologe Alfred Russel Wallace waren von der Möglichkeit der Gedankenübertragung überzeugt, die allerdings schon damals von den führenden naturwissenschaftlichen Vertretern wie den Mitgliedern des X-Clubs als lächerlich zurückgewiesen wurde. Das Konzept der Telepathie war ursprünglich eher ein Versuch, das Konzept der Gedankenübertragung aus dem Zusammenhang mit Spiritismus, Medien und Geistern zu lösen und zu versachlichen.

Die überwiegend mit der Cambridge University verbundenen Gelehrten der neu gegründeten Society for Psychical Research, zu deren Gründungsmitgliedern Myers zählte, sahen auf das Treiben bei den damals üblichen Séancen mit Verachtung herab und nahmen sich vor, die dahinterliegenden Phänomene von Schwindel und Leichtgläubigkeit zu reinigen und wissenschaftlich zu erforschen. Für sie war Telepathie ein beschreibender Begriff, der nicht mit Vermutungen über die dahinterliegenden Kräfte vermischt werden sollte. Insbesondere sei es nicht zwingend, dafür Kräfte oder Wirkungen anzunehmen, die im Widerspruch zur wissenschaftlichen Physik stünden.

Durch den Mediziner Charles Richet wurden sogar im Jahr 1884 einige der ersten randomisierten kontrollierten Studien überhaupt zur Erforschung des Phänomens vorgeschlagen, als dieses Konzept in der Wissenschaft noch völlig neu und ungebräuchlich war (wenn auch die meisten Parapsychologen von den geringen durch Richet dafür ermittelten Wahrscheinlichkeiten enttäuscht waren).

Untersuchungen nach wissenschaftlichen methodischen Standards werden durch Psychologen, überwiegend aber durch Parapsychologen, seit mehr als hundert Jahren durchgeführt. Ein Hauptziel dieser Untersuchungen war von Anfang an ein wissenschaftlicher Nachweis dafür, dass Telepathie existiert. Dieser Nachweis konnte bis heute, zumindest nach Einschätzung der Mehrheit der Wissenschaftler, nicht erbracht werden.

Um die statistische Aussagekraft der Resultate zu erhöhen, wurden dabei bald anstelle freier Fragen, die zahlreiche Interpretationsmöglichkeiten der Antworten zulassen, standardisierte Versuchsprotokolle eingeführt. Zu diesem Zweck wurden zum Beispiel die sogenannten „Zenerkarten" entwickelt. Die Bezeichnung stammt von Joseph Banks Rhine, der die Karten nach seinem Kollegen Karl Zener benannt hat. Auf den Karten sind fünf verschiedene Symbole abgebildet: ein Kreis, ein Kreuz, drei Wellenlinien, ein Quadrat und ein fünfzackiger Stern. Ein gebräuchlicher Satz besteht aus 25 Karten (je fünf Karten von jedem Symbol). Wenn eine Versuchsperson (der „Empfänger") darauf getestet werden soll, ob sie zum Beispiel die Reihenfolge der Aufdeckung von Karten einer anderen Person (des „Senders") durch „Psi-Kräfte" ersehen kann, liegt ihre Ratewahrscheinlichkeit, bei fünf Karten, bei 20 Prozent. Kann sie einen signifikant höheren Anteil richtig angeben, wäre dies ein Hinweis auf Telepathie. Durch die Standardisierung ist es möglich, den Versuch später zu wiederholen (wissenschaftlich Replikation genannt), was für eine wissenschaftliche Anerkennung entscheidend wäre. Diese einfachen Ratetests wurden schon Anfang des 20. Jahrhunderts eingeführt und später verfeinert. Der Höhepunkt ihres Einsatzes lag in den 1940er Jahren. In den 1970er und 1980er Jahren wurden verstärkt die sogenannten Ganzfeld-Versuche populärer.

Parapsychologen vertreten den Anspruch, mit diesen Tests und Methoden statistisch signifikante Versuchsergebnisse erzielt zu haben, die auf – kausal unerklärliche – telepathische Fähigkeiten zumindest einiger Versuchspersonen hinweisen, und meinen dies auch durch Metaanalysen absichern zu können. Diesem Anspruch wird von Psychologen und anderen Wissenschaftlern allerdings vehement widersprochen. Dabei wird den Parapsychologen im Allgemeinen guter Wille und methodisch durchaus hochwertiges Versuchsdesign unterstellt (obwohl einige Forscher auch unter Betrugsverdacht gerieten).

Die Vertreter der „orthodoxen" Wissenschaft unterstellen ihnen aber methodische Fehler bei der Durchführung oder der Datenanalyse. Wichtige Fehlerquellen, die die wissenschaftliche Psychologie oft in gleicher Weise betreffen und dort möglicherweise ein ebenso großes Problem darstellen, sind zum Beispiel: Durchführung des Versuchs, bis das erwünschte Ergebnis signifikant ist, und sofort danach Abbruch (ehe der möglicherweise nur zufällige Effekt wieder verschwinden kann), Durchführung zahlreicher Tests, von denen nur die mit erwünschtem, oder mit signifikantem, Ergebnis publiziert werden, Messung zahlreicher Variablen und ihrer Kombination, wobei die ohne erwünschtes Ergebnis verschwiegen werden. Außerdem werden sehr oft Untersuchungen mit sehr geringen Datenmengen (wenigen Versuchspersonen und Durchgängen) veröffentlicht, die eine sinnvolle Beantwortung der Frage (aufgrund zu geringer Power) gar nicht zulassen. Oft zeigt sich dadurch in einzelnen Studien zunächst ein scheinbar sehr großer, für sich betrachtet signifikanter Effekt, der aber bei den Replikationen scheinbar immer kleiner wird und letztlich verschwindet.

Obwohl Statistiker den Parapsychologen bescheinigt haben, dass einige ihrer Studien den in der Psychologie akzeptierten Standards durchaus entsprechen, erreichte bisher keine ihrer Untersuchungen zur Telepathie ein Niveau, das die Kritiker überzeugen konnte, keiner der zunächst vielversprechend aussehenden Befunde konnte letztlich repliziert werden.

Ein wesentliches Problem ist es vermutlich, dass sie es bis heute nicht vermocht haben, ein schlüssiges Erklärungsmodell für ihre Befunde anzubieten, oder sogar offen über Effekte und Phänomene spekulieren, die das physikalische Weltbild widerlegen oder zumindest unvollständig machen würden. Für solche weitreichenden Schlussfolgerungen verlangt die Wissenschaft besonders gut abgesicherte Gründe, die über bei „durchschnittlichen" und erwartbaren Resultaten akzeptierte Standards hinausgehen müssen.[186]

20.3 Telesomatik

Telesomatik beschreibt das Phänomen, dass man fühlt und weiß, wenn einem nahestehenden Menschen zeitgleich etwas zugestoßen ist. Telesomatische Ereignisse sind weit verbreitet, nahezu alle treten zwischen Menschen auf, die

[186] https://de.wikipedia.org/wiki/Telepathie

gefühlsmäßig eng miteinander verbunden sind. Vor allem zwischen Eltern und Kindern, aber auch zwischen Eheleuten, Geschwistern (insbesondere bei eineiigen Zwillingen) und Liebenden. Etwas seltener auch zwischen Freunden und Bekannten, die sich emotional nahestehen.

20.4 Therapeutic Touch

Therapeutic Touch (TT) (englisch für Therapeutische Berührung) ist eine pseudowissenschaftliche alternativmedizinische Behandlungsmethode, eine Variante des Handauflegens, bei der der Behandler den Patienten allerdings nicht berührt. Sie basiert auf der im Bereich der Esoterik verbreiteten These, dass der Mensch ein eigenes „Energiefeld" (auch Prana, Aura, Qi usw. genannt) habe, das mit den – vermuteten – Energiefeldern seiner Umwelt ständig in Kontakt stehe.

Therapeutic Touch ist eine häufig wissenschaftlich untersuchte alternative Behandlungsmethode. Eine Wirksamkeit konnte bei diesen Untersuchungen nicht festgestellt werden. TT-Behandler konnten ihre angebliche, für die Behandlung grundlegende Fähigkeit, das Energiefeld eines Menschen wahrzunehmen, unter kontrollierten Bedingungen nicht demonstrieren.

Ziel ist nach Ansicht der Anwender, das menschliche Energiefeld, das sich im Körper bilde und über die Körpergrenzen hinaus erstrecke, mit den Händen zu erspüren und zu harmonisieren. Dadurch soll die Berührung eine zusätzliche „Dimension" erhalten, die bewusste „Energielenkung".

Therapeutic Touch wurde 1972 von den beiden Theosophen Dolores Krieger (Theosophische Gesellschaft Adyar), Dozentin für Pflegewissenschaft an der New York University, in Zusammenarbeit mit Dora van Gelder Kunz (1904–1999), Präsidentin der amerikanischen Sektion der Adyar-TG, veröffentlicht. Die Arbeit der New Yorker Pflegewissenschaftlerin Martha Rogers (1914–1994), in der sie davon ausging, dass der Mensch ein offenes System ist, das über elektromagnetische Wellen ständig im Austausch mit der Umwelt stehe, bildete eine der Grundlagen für die Entwicklung von TT.

Aufgrund einer Veröffentlichung im renommierten American Journal of Nursing und durch intensive Lobbyarbeit ihrer Befürworter verbreitete sich die Methode. In den USA wurden etwa 100.000 Menschen, darunter 50.000 Krankenschwestern, in TT ausgebildet. Mehr als 100 Colleges und Universitäten boten Kurse an. Die North American Nursing Diagnosis Association hat 1995 die Diagnose Energy Field Disturbance (Störung des Energiefeldes) mit TT als primärer Intervention in ihren Katalog aufgenommen.

Einige sorgfältige Literaturübersichten kamen zu dem Ergebnis, dass etliche der einschlägigen Studien methodische Mängel aufweisen. Nach den Kriterien der evidenzbasierten Medizin ist die postulierte Wirksamkeit der „Therapeutic Touch" Therapie nicht belegt.

1998 veröffentlichte die damals 11-jährige Schülerin Emily Rosa als damals jüngste Autorin eines bedeutenden wissenschaftlichen Journals einen Artikel in dem Peer-Review-erfordernden Journal of the American Medical Association

(JAMA) über ein Experiment, das sie bereits zwei Jahre zuvor, also mit 9 Jahren, durchgeführt hatte. Diese Studie zeigte, dass 21 TT-Behandler nicht in der Lage waren, das „Energiefeld" der Hand der Experimentatorin wahrzunehmen, wenn sie deren Hand nicht sehen konnten.

Emily und die TT-Behandler waren in der Versuchsanordnung durch einen Sichtschutz aus Pappe voneinander getrennt. In diesem Sichtschutz befanden sich zwei Löcher, durch die der TT-Behandler seine Hände steckte. Auf der anderen Seite hielt Emily ihre Hand entweder über die linke oder über die rechte Hand des Probanden ohne sie zu berühren. Die Reihenfolge, in der dies geschah, wurde durch das Werfen einer Münze zufällig festgelegt. Die TT-Behandler hatten nun die Aufgabe zu demonstrieren, dass sie das Energiefeld des Mädchens spürten, indem sie angaben, über welche ihrer Hände Emily gerade ihre Hand hielt. Die 21 TT-Behandler kamen auf eine Trefferquote von 44%, während zufälliges Raten bei diesem Versuchsaufbau eine durchschnittliche Trefferquote von 50% ergibt. Nach Protesten von Therapeutic-Touch-Anhängern wurde der Versuch zwei Jahre später noch einmal wiederholt. Dieses Mal kamen die TT-Behandler auf eine Trefferquote von 41%.

Die International Therapeutic Touch Association (ITTA) mit Sitz in Utrecht (Niederlande) erarbeitet Richtlinien für die Ausbildung, Curricula und Qualitätsstandards im Bereich Therapeutic Touch. Als Mindestvoraussetzung für die Ausübung der Tätigkeit fordert sie eine Ausbildung aus 48 Unterrichtsstunden Theorie und 20 Unterrichtsstunden zu Fallbeispielen. Die Vereinigung verfolgt das Ziel der Eingliederung von Therapeutic Touch in die europäischen Gesundheitssysteme und ist ein Zusammenschluss von TT-Organisationen in Deutschland, den Niederlanden, Belgien, Luxemburg, Österreich und skandinavischen Ländern sowie Südafrika.[187]

20.5 Tierkreiszeichen

Siehe Sternzeichen

20.6 Tinnitus

Der Begriff Tinnitus aurium (lat. „das Klingeln der Ohren“) oder kurz Tinnitus bezeichnet ein Symptom, bei dem der Betroffene Geräusche empfindet, denen keine äußeren Schallquellen zugeordnet werden können. Im Gegensatz zu diesem „subjektiven Tinnitus“, der auch als „nicht-vibratorischer Tinnitus“ bezeichnet wird, beruht der „objektive Tinnitus“, auch „vibratorischer Tinnitus“ genannt, auf einer im Körper vorhandenen selbst erregten Oszillation, die häufig von außen wahrnehmbare und messbare akustische Signale erzeugt. Der objektive Tinnitus ist im Vergleich zum subjektiven Tinnitus viel seltener.

Der Tinnitus ist eine auditive Wahrnehmung, die zusätzlich zu dem auf das Ohr einwirkenden Schall ein- oder beidseitig

[187] https://de.wikipedia.org/wiki/Therapeutic_Touch

wahrgenommen wird. Diese Wahrnehmung beruht auf einer Störung der Hörfunktion. Der Höreindruck des Tinnitus hat keinen Bezug zum Schall in der Umgebung des Patienten. Die Art der scheinbaren Geräusche ist sehr vielfältig: Die auditiven Eindrücke werden als Brummton oder Pfeifton, Zischen, Rauschen, Knacken oder Klopfen beschrieben. Das Geräusch kann in seiner Intensität gleichbleibend sein, es kann jedoch auch einen rhythmisch-pulsierenden Charakter haben. Es gibt nicht immer ein reales Geräusch, das denselben Höreindruck wie der Tinnitus verursacht. Auch sollte man den Tinnitus deutlich von auditiven Halluzinationen abgrenzen.

Allerdings können auch hörgesunde Menschen Geräusche in den Ohren wahrnehmen: In einer Studie nahmen 94% von 80 teilnehmenden, hörgesunden Probanden in einem schallisolierten Raum nach fünf Minuten Tinnitus wahr. Die Lautstärke des Rauschpegels lag dabei um etwa 17 dB niedriger als bei Alltagsbedingungen. Damit konnten frühere Ergebnisse an deutlich größeren Populationen bestätigt werden. Da die Geräusche von Hörgesunden als auch Hörgeschädigten ähnlich wahrgenommen und im Fall von Gesunden offenbar nur von Alltagsgeräuschquellen überlagert wurden, schlussfolgerten die Forscher, dass sie auf einem normalen physiologischen Phänomen beruhen.

Tinnitus kann als eigenständige monosymptomatische Krankheit auftreten, ist aber oft ein Symptom einer anderen Krankheit. Wegen der Vielfältigkeit der Ursachen und der Verschiedenartigkeit des Auftretens wird von einigen Wissenschaftlern die Einordnung als Syndrom bevorzugt.

Studien zufolge sollen bis zu 25% der Bevölkerung der Industrieländer im Laufe ihres Lebens von Tinnitus betroffen werden. In Deutschland nehmen etwa 15% der älteren Menschen ständig und langdauernd Ohrgeräusche wahr. Der Beginn der Symptomatik liegt typischerweise zwischen dem 40. und 50. Lebensjahr, Frauen und Männer sind gleichermaßen betroffen. Besonders in den letzten Jahrzehnten ist die Zahl der Tinnituspatienten in den westlichen Industrieländern stark gestiegen. Man spricht daher in Deutschland mitunter von einer Volkskrankheit. Ob die Zahl der Erkrankten allerdings tatsächlich angestiegen ist oder ob sich lediglich die Zahl der Patienten erhöht hat, die ärztliche Hilfe suchen, ist unklar.

Lange dachte man, dass subjektiver Tinnitus im Innenohr entsteht. Diese Theorie kann jedoch nicht aufrechterhalten werden, da Tinnitus nach Durchtrennung des Hörnervs in der Regel fortbesteht.

Mit Hilfe von bildgebenden Verfahren konnte gezeigt werden, dass bei Patienten mit Tinnitus die neuronale Aktivität in verschiedenen Gehirnarealen verändert ist. Es wird angenommen, dass Tinnitus infolge von Hörstörungen in ähnlicher Weise entsteht wie Phantomwahrnehmungen und Phantomschmerzen. Man vermutet, dass das Gehirn versucht, die Hörstörung zu kompensieren und dabei die Aktivität in der zentralen Hörbahn hochreguliert. Die so entstehende übermäßige Aktivität in der zentralen Hörbahn wird dann als Tinnitus wahrgenommen.

Viele Patienten nehmen in stressbeladenen Lebensphasen und Situationen, in denen es ihnen psychisch schlecht geht, verstärkt Ohrgeräusche wahr. Gehirnareale, die in die Stress- und emotionale Verarbeitung involviert sind, etwa die Mandelkerne, regulieren wiederum die Aktivität in der Hörbahn und beeinflussen auf diese Weise die Tinnituswahrnehmung.

Nach dem Zeitraum der Wahrnehmung eines Tinnitus werden im deutschsprachigen Raum in der Regel zwei Phasen unterschieden:

- akuter Tinnitus (bis drei Monate)
- chronischer Tinnitus (über drei Monate)

In der Vergangenheit wurde ein Tinnitus, der zwischen drei und sechs Monaten anhielt, auch als subakut bezeichnet. Bislang gibt es keine wissenschaftliche Grundlage für die Einteilung in zwei bzw. drei Phasen, sie richtet sich lediglich nach Erfahrungswerten. Hierdurch erklären sich die unterschiedlichen Angaben. In der akuten und subakuten Phase kommt es vergleichsweise häufig zu einer spontanen Heilung oder Besserung der Symptome. Je länger der Tinnitus besteht, desto höher ist jedoch die Wahrscheinlichkeit, dass er dauerhaft bestehen bleibt. In Hörtests wurde kein Zusammenhang zwischen objektiv feststellbarer Stärke des Tinnitus und dem subjektiven Empfinden des Leidens festgestellt.[188]

[188] https://de.wikipedia.org/wiki/Tinnitus

20.7 Trance

Trance [trãs] (lat. transire hinübergehen, überschreiten) ist ein Sammelbegriff für veränderte Bewusstseinszustände mit einem intensiven mentalen Erleben, die sich, in Abgrenzung zum gewöhnlichen Wachbewusstsein, durch eine hochfokussierte Konzentration auf einen Vorgang bei gleichzeitig sehr tiefer Entspannung und unter Ausschaltung des logisch-reflektierenden Verstandes auszeichnen.

Trancezustände können entweder willentlich (z.B. visuelle Imagination im Tagtraum, Selbsthypnose, schamanische Techniken), durch (zugelassene) Fremd-Suggestion (Hypnose), andauernde Aufmerksamkeit auf eintönige Reize (z.B. Vigilanz, mentale Vertiefung, Orgasmus) oder durch Krankheit (pathologische Trance- und Besessenheitszustände) und Drogen ausgelöst werden.

Von den beiden letztgenannten Trancen abgesehen sind der Wille und ein spezieller Auslöser notwendige Bedingungen zum Entstehen von Trancen. Darüber hinaus hat der kulturelle bzw. religiöse Hintergrund der Person einen entscheidenden Einfluss auf die Art und Tiefe des Zustandes.

Jede Trance ist in unterschiedlich starker Intensität mit einer Einengung des Bewusstseins verbunden: Die Sinneswahrnehmungen und das Gefühl der persönlichen Identität – das Ichbewusstsein – werden vorübergehend stark eingeschränkt oder ganz ausgeblendet.

Trancen führen zu verschiedenen vorübergehenden geistigen

- Einengung von Wahrnehmung und Aufmerksamkeit
- entweder negative (Ausblenden realer Dinge) oder positive Halluzinationen (Einbilden irrealer Dinge)
- deutlich verringertes oder aber gesteigertes Erinnerungsvermögen
- verändertes Zeitempfinden (Dehnung oder Stillstand)
- spezielles Gefühl der Kontrolle
- besondere Emotionalität

und körperlichen Veränderungen:

- veränderter Muskeltonus (entweder Starre oder Hyperaktivität)
- unwillkürliche Bewegungen (z.B. Carpenter-Effekt)
- Schmerz- und Empfindungslosigkeit

Es gibt keine allgemeingültige Definition von Trance. Die einleitende Begriffserläuterung bildet den kleinsten gemeinsamen Nenner verschiedener Definitionen

Als Trance gilt im Vergleich zur weiten, panoramaartigen Achtsamkeit genau genommen jede fokussierte und damit begrenzte Aufmerksamkeit. Die verstärkte Fokussierung der Aufmerksamkeit auf bestimmte Aspekte des sensualen Erlebens geht, je nach Tiefe des Trancezustandes, mit einer schwach oder stark herabgesetzten Wachheit einher. Wissenschaftlich wird genauer unterschieden: Wachheitsgrade werden hier als Vigilanzstadien bezeichnet.

Der Bewusstseinsforscher Charles Tart beschreibt den Zustand der durchschnittlichen oder normalen Aufmerksamkeit als Alltagstrance. Die Aufmerksamkeit in ihrer gesellschaftlichen Konstitution und Funktion bezeichnet Tart als Konsensustrance. In dieser Perspektive gilt jede Art von Konzentration als Trance, so dass sich Hypnose als der höchstgradige im Wachen erreichbare Konzentrationszustand erweisen würde.

Auch bei verschiedenen Tätigkeiten wie Sport, Liebesspiel, Beschäftigungen, die ebenfalls hohe Konzentration erfordern, und in (psychischen) Extremsituationen können tranceähnliche Bewusstseinszustände auftreten.

Zur Auslösung einer Trance, die weder durch eine Droge induziert noch traumatisch erzeugt ist, werden mehrfach und schleifenartig bestimmte Reizmuster wiederholt. Eine Trance wird mit einer höheren Anzahl von Wiederholungen tiefer. Die meisten Reize stützen sich auf repetitive, sprachliche und rhythmische Sinnesreize und Bewegungen wie Trommelmusik, Tanzen, Gesänge, Licht- blitze und Mantren sowie sich wiederholende sprachliche Beeinflussung. Hierzu zählt auch die Verbindung einer rhythmischen Trancemusik mit visuellen Stimulationen. Typisch ist diese Kombination von Musik mit Lichteffektanlagen auf Konzerten und in Diskotheken.

Zum Beispiel bestehen Trommelrhythmen aus einzelnen Tönen, welche zusammen ein Thema bilden. Durch Wiederholung und Abwandlung kann dann die Trance gesteuert werden. Doch treten Trancezustände ziemlich häufig und unbemerkt bei allen Menschen auf. Manchmal genügt schon ein monotones Geräusch wie etwa das einer Maschine, sofern es lange genug gehört wird. Nimmt eine Person ein solches Geräusch dann nicht mehr wahr, obwohl es noch besteht, handelt es sich höchstwahrscheinlich bereits um eine Art Trance.

Bei allen tranceartigen Bewusstseinszuständen können ähnliche neurologische und körperliche Prozesse beobachtet werden. So ist der Beginn der Trance durch Steifheit des Körpers, Schwitzen und schweres Atmen gekennzeichnet. Für die mentalen Zustände haben David Lewis-Williams und Thomas Dowson 1988 das folgende „neurologische Modell" beschrieben.

Trance und andere Rauschzustände werden durch „Hyper-Erregung" oder einen „Hyper-Ruhezustand" erreicht. In beiden Fällen kommt es zu einer Verlangsamung der summierten elektrischen Aktivität im Gehirn. Die Bewusstseinsveränderungen gliedern sich nach dem neurologischen Modell in drei Phasen:

In der ersten Phase werden geometrische Formen wie Punkte, Zickzackstreifen, Gitter, parallele Linien und Mäanderlinien wahrgenommen. Diese Erscheinungen werden als Phosphene („eingebildete Lichtwahrnehmungen") bezeichnet.

In der zweiten Phase entstehen verschiedene geometrische Formen, die von den Betroffenen – je nach ihrem kulturellen oder religiösen Hintergrund – als sinnhafte Symbole aufgefasst werden.

In der dritten Trancephase erscheint eine Art Strudel oder wirbelnder Tunnel, der den Menschen anzusaugen scheint. In dieser Phase werden tiefreichende Erfahrungen wie synästhetische Wahrnehmung (Verschmelzen verschiedener Sinnesreize), das Verlassen des eigenen Körpers oder das Eintreten in andere Wirklichkeitsebenen („Jenseits", „Geisterwelt" u. Ä.) erlebt. Die Eindrücke dieser dritten Trancephase werden auch häufig über sogenannte Nahtoderfahrungen berichtet.

In Trancezuständen treten optische, somatische (= Körperwahrnehmung) und akustische Halluzinationen auf. Dinge werden größer oder kleiner „gesehen", als sie eigentlich sind. Zudem werden oft Tiere gesehen. Häufig erscheinen visuelle Halluzinationen wie übereinander folgend und dann ineinander verlaufend (palimpsest-artig). Somatische Halluzinationen gehen mit dem Gefühl einher, dass sich der eigene Körper in einen anderen verwandelt, beispielsweise in ein Tier. Hinzu kommt, dass man in Trance oftmals fließendes Wasser wahrnimmt und das Gefühl hat, darin zu schweben oder zu schwimmen. Solche Wahrnehmungen hängen vor allem mit Veränderungen im Amygdala (Hirnareal) zusammen, das mitunter für die Orientierung im Raum sowie für das Empfinden von Furcht und Aggression verantwortlich ist.

Auf der Grundlage dieses Modelles hat Lewis-Williams anhand von Vergleichen mit Felsbildern in Südafrika eine populäre Theorie eines prähistorischen Schamanismus entwickelt. Die Schlussfolgerungen werden von vielen Kritikern jedoch als hoch spekulativ betrachtet.

Tagträume, Phantasiereisen oder der kreative Flow sind willentlich herbeigeführte und bewusst gesteuerte Konzentrationen, die große Teile der Wahrnehmung ausblenden. Solche Phänomene werden entweder als Vorstufen oder bereits als leichte Formen der Trance angesehen.

Gelingt es einem Patienten, der sich einer Psychotherapie unterzieht, aus seinem gewohnten Bezugsrahmen und seinen Überzeugungen auszubrechen, indem er vor seinem „inneren Auge" intensiv neue Denkmuster und Assoziationen erlebt, die ihm helfen, seine Probleme zu lösen, spricht man von einer therapeutischen Trance.

Bei einer durch hypnotische Verfahren induzierten Trance entsteht eine tiefe Entspannung bei gleichzeitiger Wachheit. Die hypnotisierte Person ist weiterhin fähig, sich willentlich zu bewegen und sinnzusammenhängende Sätze zu sagen, ihre Aufmerksamkeit ist jedoch extrem eingeschränkt und auf wenige Inhalte ausgerichtet. Als Besonderheit gilt eine

Wachhypnose, in der eine Person sich zwar in einem tranceähnlichen Zustand befindet und hierbei sogar ein Rapport besteht, sie aber trotzdem augenscheinlich hellwach ist. Die Person bewegt und verhält sich so, dass für ungeübte Beobachter kein Unterschied zum normalen Wachzustand erkennbar ist. Diese Form der Trance besteht unterschwellig und beeinträchtigt das Wachbewusstsein nicht.

Der österreichische Tranceforscher Giselher Guttmann stellte fest, dass im Gegensatz zu anderen Trancezuständen unter Hypnose keine signifikant verschiedene elektrische Aktivität in der Großhirnrinde stattfindet als im normalen Wachzustand.

In der Hypnose sind verschiedene Stadien der Trance bekannt: Während in leichten bis mittleren Stadien das Ich-Bewusstsein noch wach ist, ist es in einer Tieftrance aufgehoben. Das zeigt, dass Trance generell kein scharf abgrenzbares Phänomen ist, sondern die Übergänge vom normalen Wachzustand in einzelne Trancestufen fließend sind.

Die Ethnologie belegt, dass Trancen, die als spirituell, rituell oder ekstatisch bezeichnet werden, in 90 Prozent aller menschlichen Kulturen zum religiösen oder therapeutischen Repertoire gehören. Bei diesen ekstatischen Trancen, die vor allem in Zusammenhang mit Schamanismus-Konzepten beschrieben werden, werden sehr real wirkende bildhafte Halluzinationen von diversen Geistwesen durch verschiedene Techniken willentlich herbeigeführt.

In vielen Religionen wird Trance als Mittel angesehen, um spirituell oder magisch mit Gott, Geistern oder anderen Wesen oder mythischen Orten in Verbindung zu treten. Dadurch sollen Botschaften oder Erkenntnisse erlangt werden, um weltliche Probleme zu lösen. In manchen Kulturen werden dazu Drogen verwendet. Fast überall werden bestimmte rituelle Körperhaltungen in Verbindung mit rhythmischen Trommel- oder Rasselklängen zur Einleitung spiritueller Trancen verwendet. Die rhythmische Anregung ist dabei eine zwingende Voraussetzung.

Auch in dieser durch Drogen bewirkten Form der Trance kann eine Person sich willentlich bewegen und sinnzusammenhängende Sätze wiedergeben. Oftmals kommt es in dieser Tranceform zu Halluzinationen. Ausgelöst wird die Trance durch psychoaktiv oder dissoziativ wirkende Substanzen. Darunter fallen Halluzinogene wie zum Beispiel LSD, Meskalin, Psilocybin und Psilocin. Aber auch Dissoziativa wie Ketamin oder Phencyclidin. Es existieren ebenfalls Berichte über durch Cannabis induzierte Trance-artige Zustände.

Akute Schmerzen infolge körperlicher Verletzungen können eine Trance auslösen. Hierzu gehören auch schmerzhafte Riten wie im schiitischen Aschura und im Sonnentanz der Indianer oder ein Lustschmerz im Zusammenhang mit BDSM-Praktiken. In dieser Trance werden körpereigene Endorphine ausgeschüttet, welche die Schmerzempfindlichkeit herabsetzen und zu einem Trancezustand führen können. Eine traumatische Trance kann auch durch seelische Verletzungen hervorgerufen werden.[189]

20.8 Trance Induced Subconscious Information Coupling

Der von Thomas A. M. Windelschmidt eingeführte Begriff Trance Induced Subconscious Information Coupling (TISIC) beschreibt eine Technik, um über eine tranceinduzierte Tiefenentspannung Information im Unterbewussten zu verankern.

20.9 Transaktionsanalyse

Die Transaktionsanalyse (TA) ist eine psychologische Theorie der menschlichen Persönlichkeitsstruktur. Die Theorie wurde Mitte des 20. Jahrhunderts vom amerikanischen Psychiater Eric Berne (1910–1970) begründet, und sie wird bis heute weiterentwickelt. Die Transaktionsanalyse erhebt den Anspruch, anschauliche psychologische Konzepte zur Verfügung zu stellen, mit denen Menschen ihre erlebte Wirklichkeit reflektieren, analysieren und verändern können.

Schon zu Lebzeiten Bernes setzten verschiedene Transaktionsanalytiker in ihrer Arbeit unterschiedliche Schwerpunkte, die auch die weitere Entwicklung der Transaktionsanalyse beeinflusst haben. Neuere Entwicklungen fußen z. B. auf

[189] https://de.wikipedia.org/wiki/Trance

Mary und Robert Goulding (Neuentscheidungstherapie), Jacqui Lee Schiff (Neubeelterung), Fanita English (Ersatzgefühle; Episkript), Richard G. Erskine (Integrative Psychotherapie), Charlotte Sills, Helena Hargaden, William F. Cornell (Beziehungsorientierte Transaktionsanalyse) und Bernd Schmid (Systemische Transaktionsanalyse).

Die Transaktionsanalyse soll mit dem Mittel der Kommunikation Möglichkeiten zur Interpretation und Gestaltung von Realitätswahrnehmung, Interaktionen und des eigenen Lebensweges eröffnen. Sie stellt dazu eine Theorie der Persönlichkeit und eine Beschreibung kommunikativer Abläufe in unterschiedlichen Kontexten zur Verfügung und bietet Modelle zum Beobachten, Beschreiben, Verstehen und Verändern bzw. Entwickeln der Persönlichkeit und der Beziehungen zwischen Individuen und sozialen Systemen. Sie umfasst damit Konzepte zur Persönlichkeitsanalyse, zur Beziehungsanalyse, zur Gruppendynamik und Gruppenanalyse und zur Analyse und Steuerung von sozialen Systemen sowie Methoden der Einflussnahme auf die Gestaltung von als sinnvoll erachteten Veränderungen im interaktiven Bereich.

Zielvorstellung der Transaktionsanalyse ist eine integrierte, autonome Persönlichkeit mit der Fähigkeit, sich in einem sozialen Gefüge selbstbewusst, respektvoll, achtsam, rücksichtsvoll und beitragend zu bewegen. Transaktionsanalytiker/innen sollen mit ihren Klienten im Bewusstsein der Gleichwürdigkeit und Gleichwertigkeit kooperieren, um gemeinsam Leben freudevoll zu gestalten. Dazu verabschieden die Ethik-Komitees der internationalen TA-Gesellschaften verpflichtende ethische Prinzipien, die auch Bestandteil der Aus- und Weiterbildung in Transaktionsanalyse sind.

Wenn Menschen mit Hilfe der Grundgedanken der Transaktionsanalyse auf soziale Interaktionen oder einzelne Persönlichkeiten schauen, dann gelten hierfür diese Annahmen:

- Jeder Mensch hat die Fähigkeit, zu denken und Probleme zu lösen.

- Jeder Mensch ist in all seinen Schattierungen und in seiner Ganzheit in Ordnung.

- Jeder Mensch ist in der Lage, Verantwortung für sein Leben und dessen Gestaltung zu übernehmen. Er verfügt dazu über die Fähigkeit der bewussten Wahrnehmung und Steuerung seiner mentalen, emotionalen und sensorischen Vorgänge und der sich daraus ergebenden Handlungen bzw. sozialen Interaktionen.

- Jeder Mensch wird als fähig angesehen, sein Lebenskonzept (oder Lebensgestaltungsmuster) schöpferisch, zuträglich und konstruktiv zu gestalten.

Zudem ist es jedem Menschen möglich, durch Nutzen seiner ihm innewohnenden Ressourcen autonome Entscheidungen für sich und andere zu fällen. Dazu benutzt er seine Fähigkeit zur Bewusstmachung der momentanen Gegebenheiten, seine Fähigkeit, aus einer Bandbreite verschiedener energetischer Zustände auszuwählen und die Fähigkeit zu echtem emotionalem Kontakt mit anderen Menschen.

Für Transaktionsanalytiker hat Autonomie im Sinne von Selbstbestimmung, Spontanität und Bezogenheitsfähigkeit auf die Welt höchsten Stellenwert.

Eric Berne entwickelte die Transaktionsanalyse aus der Beobachtung zwischenmenschlicher Kommunikation heraus. Diese von ihm als Transaktionen benannten Vorgänge setzte er dann mit von Patienten berichteten inneren Prozessen in Beziehung. Eine Transaktion beschreibt stattfindende Kommunikation: das bewusste und unbewusste Austauschgeschehen zwischen Menschen und ihrer Umwelt, sowohl verbal als auch nonverbal.

Kommunikationsabläufe werden in Transaktionen differenziert und dadurch für den Betrachter verstehbar und beeinfluss- bzw. veränderbar. Komplexe Abläufe stereotyper Transaktionsmuster werden in der Transaktionsanalyse als Spiele bezeichnet (z. B. ein immer wieder ähnlich ablaufender Ehestreit). Sie stellen damit fixierte und einschränkende Muster des sozialen Miteinanders dar, denen Eric Berne sehr große Aufmerksamkeit widmete.

Als Psychiater bezog Berne seine Theorieentwicklung ursprünglich auf psychotherapeutische Kontexte. Auf dem Weg zur Heilung standen anfangs für ihn die Einsicht des Patienten in dessen psychische Strukturen und die sich daraus ergebenden Transaktionen und Spiele im Vordergrund. Aus dieser Einsicht heraus sollte es dem Patienten durch

Veränderung seines Verhaltens und seiner Denkstrukturen gelingen, Autonomie zu erlangen. Dazu entwickelte er treffende und leistungsfähige Modelle, anhand derer er sich mit dem Patienten über dessen Strukturen und Schwierigkeiten besprach. Mit der Zeit und der weiteren Entwicklung der Transaktionsanalyse verschob sich dann der Schwerpunkt dieser kognitiven Herangehensweise, so dass das zeitgemäße Arbeiten im Kontext der Transaktionsanalyse bedeutet, neue Sicht- und Erlebensweisen der Welt ganzheitlich zu entwickeln.

Die Vorstellung, dass die Kraft, das Potenzial und die Verantwortung für die Heilung im Patienten liegen, stellte in der Mitte des letzten Jahrhunderts einen Paradigmenwechsel in der Behandlung - auch schwerer psychischer Störungen - dar. Aus dieser Grundannahme geht direkt die zentrale Stellung des Vertrags in der Arbeit von Transaktionsanalytikern hervor. Das bedeutet, dass der Patient die Ziele der gemeinsamen Arbeit definiert, indem er im Gespräch mit dem Transaktionsanalytiker klärt, was er verändern wird und was dabei die Aufgabe des Außenstehenden ist. Auch wenn Transaktionsanalytiker heute meist ganz andere Zugänge in der Arbeit mit Klienten nutzen – weg von der klassischen kognitiv-verhaltensorientierten hin zu emotional beziehungs- und prozessorientierten – so ist und bleibt der Vertrag Dreh- und Angelpunkt der professionellen Orientierung. Er ist auch Ausdruck der hohen Bedeutung der ethischen Prinzipien in der Transaktionsanalyse.

Die unterschiedlichen theoretischen Konzepte der Transaktionsanalyse stellen meist unterschiedliche Schwerpunkte in den Fokus. Wenn die psychische Struktur des Individuums Zentrum der Betrachtung ist, dann benutzen Transaktionsanalytiker meist das Strukturmodell der Ich-Zustände. Eric Berne beobachtete, dass ein und derselbe Mensch zu unterschiedlichen Zeiten qualitativ unterschiedliche Erlebenszustände aktivieren kann. Solche Erlebenszustände, die jeweils durch ein zusammenhängendes Muster von Denk-, Fühl- und Verhaltensweisen charakterisiert sind, nannte er Ich-Zustände.

Die prinzipiell unendlich vielen Erlebenszustände eines Menschen können grundsätzlich in drei Kategorien eingeteilt werden: Wir können abgespeichertes Erleben von früher erneut aktivieren, der Zustand wird dann Kindheits-Ich-Zustand genannt. Kreieren wir einen neuen Erlebenszustand, der sich in angemessener Weise voll und ganz auf das Hier und Jetzt bezieht, so wird dieser als Erwachsenen-Ich-Zustand bezeichnet. Wenn wir uns auf eine Art und Weise erleben, die wir im Denken, Fühlen und Verhalten von anderen übernommen haben, so ist das ein Eltern-Ich-Zustand. Mit dem Strukturmodell der Ich-Zustände werden die individuellen internen Energiebesetzungen von Menschen beschrieben und eingeordnet. Die Ich-Zustände als Persönlichkeitsanteile stellen Muster des Erlebens und Handelns dar, wie sie im Hier und Jetzt wahrgenommen werden. Allerdings aktivieren wir oft stereotype und teils weniger geeignete Reaktionsmuster in Rückwirkung auf unbewusste Erinnerungen früheren Beziehungserlebens. Mit Hilfe der Transaktionsanalyse sollen auf die gegenwärtige Situation angemessene und selbstbestimmte Denk-, Fühl- und Verhaltensmuster entwickelt werden, dort wo diese alten Muster den Lebensfluss so stark einschränken, dass unnötiges Leiden entsteht.

Das Symbol der drei übereinanderliegenden Kreise stellen das Strukturmodell der Ich-Zustände dar, wobei die Kreise die Kategorien Eltern-Ich, Erwachsenen-Ich und Kindheits-Ich symbolisieren.

Das Ich-Zustands-Modell: Der Mensch erlebt sich immer in Bezug zu seiner Umwelt, selbst im Rückzug (von ihr). Die Umwelt erlebt sich immer auf den Menschen bezogen. Die Beschreibung der Dynamik dieser gegenseitigen Bezogenheit stellt den Kern der Transaktionsanalyse dar. Sie vereinigt demnach in ihren Konzepten tiefenpsychologische, beziehungsorientierte und systemische Aspekte des menschlichen Miteinanders.

Heutzutage beziehen sich transaktionsanalytische Konzepte und Modelle auf alle Bereiche des sozialen Miteinanders, so dass Transaktionsanalyse in den vier Anwendungsfeldern Psychotherapie, Beratung, Organisationsentwicklung und Pädagogik/Erwachsenenbildung gelehrt und ausgeübt wird. Transaktionsanalyse wird vor einem wissenschaftlichen Hintergrund und mit wissenschaftlicher Begleitung ständig weiterentwickelt. Die hier angesprochenen Konzepte zu den Transaktionen, den Spielen, den Verträgen und der psychischen Struktur sind vier Beispiele aus einer großen Anzahl weiterer theoretischer Modelle, deren Darstellung an dieser Stelle den Rahmen sprengen würde.[190]

[190] https://de.wikipedia.org/wiki/Transaktionsanalyse

20.10 Testosteron

Testosteron ist ein Sexualhormon (Androgen), das bei beiden Geschlechtern vorkommt, sich dabei aber in Konzentration und Wirkungsweise bei Mann und Frau unterscheidet. Wie bei allen Androgenen besteht das Grundgerüst des Testosterons aus Androstan (19 C-Atome). Die Vorläufer des Testosterons sind die Gestagene (21 C-Atome) bzw. Dehydroepiandrosterone (DHEA). Testosteron ist ein Kunstwort, das von testis (Hoden) und Steroid abgeleitet ist. Erstmals entdeckt wurde es 1935 von Ernst Laqueur, der es aus Stierhoden isolierte.

Bei Männern wird Testosteron zum größten Teil unter dem Einfluss des LH (Luteinisierendes Hormon) in den Leydigschen Zwischenzellen im Hoden produziert. Die Nebennierenrinde bildet zwar kleine Mengen anderer Androgene, jedoch nur in sehr geringem Maße Testosteron.

Bei Frauen produzieren die Eierstöcke und die Nebennierenrinde geringe Mengen an Testosteron. In der Biosynthese des Organismus ist das Cholesterol der Präkursor (Vorstufe), bzw. das Progesteron ein Zwischenprodukt für die Testosteronsynthese.

Das Gesamttestosteron besteht zu 40% bis 50 % aus bioaktivem, d.h. Albumin--gebundenem, Testosteron wie auch SHBG--gebundenem Testosteron (50% bis 60%) und freiem Testosteron (1% bis 2%).

Testosteron hat verschiedene Wirkungen auf diverse Organe. Es bewirkt z.B. die Entstehung des männlichen Phänotyps, ist für das Wachstum (insbesondere den Aufbau von Muskelmasse und Fettspeicher) mit verantwortlich und sorgt für die Spermienproduktion.

Testosteron wird, an ein Protein gebunden, über das Blut auch zu vielen anderen Zielorganen transportiert, die Rezeptoren für dieses Hormon haben. Das Transportprotein heißt Sexualhormon-bindendes Globulin (SHBG).

Im Körper wird ein Teil des Testosterons in den Zielzellen durch das Enzym Steroid-5α-Reduktase (SRD5) zu dem biologisch noch aktiveren Dihydrotestosteron (DHT) metabolisiert.

Über eine negative biologische Rückkopplung (Feedback) hemmt Testosteron in der Hirnanhangsdrüse die Sekretion von Luteinisierendem Hormon (LH) und im Hypothalamus die des Gonadoliberins, welches auch Gonadotropin-releasing-Hormon (GnRH) genannt wird.

Testosteron wird über das Androgenbindungsprotein (ABP) der Sertoli-Zellen zu den Samenkanälchen transportiert. Hier bewirkt es die Reifung der Spermatiden zu Spermien. Darüber hinaus bewirkt Testosteron bei männlichen Individuen in der Pubertät die Entwicklung des Penis, Hodensacks, der akzessorischen Geschlechtsdrüsen sowie der sekundären Geschlechtsmerkmale und sorgt bei Erwachsenen für die Aufrechterhaltung dieser Merkmale.

Außerhalb der Geschlechtsorgane fördert das Hormon das Wachstum der Körperbehaarung und der Barthaare (aber nicht der Kopfhauptbehaarung; siehe auch Haarausfall) und besitzt eine anabole, das heißt muskelaufbauende Wirkung. Des Weiteren verstärkt Testosteron die Knorpel- und Knochenneubildung, ähnlich wie Thyroxin.

Ein hoher Testosteronspiegel fördert das Entstehen bzw. die Steigerung sexuellen Verlangens (Libido) und generell Antrieb, Ausdauer und „Lebenslust" sowie dominante und aggressive Verhaltensweisen. Schließlich kommt es durch Testosteronwirkung zu einer Vermehrung der roten Blutkörperchen (Erythrozyten) durch die Stimulation der Freisetzung von Erythropoetin in der Niere und die Aktivierung des Knochenmarks.

Künstliche Testosteronzufuhr bei Frauen kann zu einer Vermännlichung (Stimme, Muskulatur, Gesichtszüge, Behaarung) und Vergrößerung der Klitoris führen, welche sich nach Absetzen oft nicht mehr vollständig zurückbildet (abhängig von der Dauer, Höhe der Dosis und individueller Veranlagung).

Als verhaltensbiologische Wirkungen bei Tieren wurden Imponiergehabe, Kampfverhalten sowie Begattungsdrang erforscht und beobachtet. Dies wurde u.a. durch Kastration und anschließende Hormonzufuhr an Tieren (aggressive Hengste werden zu sanften, angepassten Wallachen) nachgewiesen.

Bei Menschen ist der Einfluss des Hormons auf das Verhalten weniger etabliert als bei Tieren. Eine systematische Übersichtsarbeit zur Beziehung zwischen Testosteron und antisozialem Verhalten ergab, dass ein hoher Testosteronspiegel zu einer beeinträchtigten Regulation emotionaler und motivationaler Prozesse, geringerer sozialer Sensibilität und starker Belohnungsmotivation führt. Ob sich das in antisozialem Verhalten äußert, hängt jedoch von einer Reihe sozialer und genetischer Faktoren ab.

Eine Metaanalyse von insgesamt 45 Studien zum Verhältnis zwischen Testosteron und Aggressivität bei Menschen ergab hingegen einen schwachen, aber signifikanten positiven Zusammenhang zwischen Aggressivität und Testosteron. Zwei systematische Übersichtsarbeiten kamen zu dem Schluss, dass es nicht allein Testosteron ist, das aggressives Verhalten steigert, sondern das Verhältnis von Testosteron zu Cortisol. Ein hoher Testosteronspiegel gepaart mit einem niedrigen Cortisolspiegel sei besonders stark mit Aggressivität assoziiert. Eine Studie aus dem Jahr 2012 zeigte, dass subjektiv empfundene Wut mit erhöhtem Testosteron, nicht jedoch mit Cortisol, zusammenhing.

Einzelne Untersuchungen kommen zu dem Ergebnis, dass Testosteron dissoziales Verhalten wie egozentrische Entscheidungen fördert und kognitive Empathie verringert. Andere Einzelstudien kamen zu umgekehrten Ergebnissen, so z.B. dass die Gabe von Testosteron die Tendenz zum Lügen bei Männern reduziert. Eine weitere Studie an Männern kam zu dem Resultat, dass exogenes Testosteron aggressives, antisoziales Verhalten bei Verhandlungen signifikant erhöhen kann. Männer, denen Testosteron verabreicht wurde, behielten im Vergleich zur Placebo-Gruppe 27% mehr Geld für sich in Verhandlungssituationen.

Eine Untersuchung zeigte, dass Testosteron bei Frauen dazu führt, dass die Versuchsteilnehmenden fairere Angebote in einem Verhandlungsexperiment machten. Die Forscher erklären diese Wirkung damit, dass das Hormon die Sensitivität für den Status erhöht und vermuteten, dass in der sozial komplexen Umwelt des Menschen nicht Aggression, sondern pro-soziales Verhalten den Status sichert. Bei Frauen im mittleren Lebensalter gehen erhöhte Testosteronwerte mit einem höheren Risiko für eine Depression einher.[191]

20.11 Trance-Utilisation

Utilisation bedeutet „nutzen" oder „verwenden". Damit ist gemeint, dass man etwas, was beispielsweise gerade im Außen passiert, so in einer Trance einbaut, dass es den Patienten nicht nur nicht stört, sondern vielmehr als passender Teil der Trance genutzt wird, z.B.

- Äußere „Störungen" / Geräusche utilisieren: „Und die Schritte, die du jetzt hörst, sind die Schritte derer, die dich noch tiefer in die Entspannung tragen..." „Und die Stimmen, die du hörst, weben sich wie zu einem Teppich, auf dem du tiefer und tiefer in Trance schwebst.

[191] https://de.wikipedia.org/wiki/Testosteron

- Unterbrechungen utilisieren: Wenn jemand durch etwas aus der Trance herausgeht, dann dieses Herausgehen hilfreich reframen: „Und so einfach, wie man aus der Trance herauskommt, genauso einfach kann man auch wider hineingehen - jetzt - und sogar noch tiefer..." Falls der Therapeut lacht: „Und Du lachst, vielleicht weil du wahrnimmst, dass etwas passiert. Das ist völlig in Ordnung, lass es einfach geschehen und lehn dich innerlich zurück und genieße..."

- Widerstand utilisieren: „Es ist gut, die Kontrolle zu bewahren. Achte genau auf jedes Wort, das ich sage und auch darauf, wie ich es sage, und achte vor allem sehr genau darauf, was sich in deinem Körper verändert. Beobachte genau, was du hörst, und was du denkst, deine inneren Bilder, deine Muskeln und was du fühlst."

- Trancezeichen utilisieren: Wenn zum Beispiel die Augen flattern: „Und das Flattern deiner Augen zeigt, wie weit du schon in Trance gegangen bist."

Die Utilisation in der Trance-Führung ist ein sehr wichtiger Aspekt, da es grundsätzlich zu Störungen durch die nähere Umgebung oder durch den Therapeuten kommen kann. In diesem Moment ist die Aufmerksamkeit und Flexibilität des Durchführenden sehr wichtig, um Störungen wahrzunehmen und zu nutzen, in dem sie in die Trance integriert werden.[192]

---

[192] http://nlpportal.org/nlpedia/wiki/Utilisation

20.12 Transpersonale Psychologie

Mit Transpersonaler Psychologie werden eine Reihe inhaltlich unterschiedlicher psychologischer Ansätze bezeichnet, die sich mit der Erfahrung veränderter Bewusstseinszustände auseinandersetzen. Es geht dabei um das Erfassen psychischer Zustände außerhalb des gewöhnlichen „normalen" Wachbewusstseins. Daher stehen insbesondere Ekstase, spirituelle Erlebnisse und Grenzerfahrungen im Zentrum des Interesses.

Die Transpersonale Psychologie und die darauf aufbauende Transpersonale Psychotherapie wollen die klassischen Ansätze der Psychologie und der Psychotherapie um philosophische, religiöse und spirituelle Aspekte erweitern. Zur Beschreibung und Erklärung veränderter Bewusstseinszustände und des entsprechenden Erlebens wird innerhalb der verschiedenen Ansätze der Transpersonalen Psychologie auch auf genuin religiöse Vorstellungen zurückgegriffen, namentlich auf Aspekte des Zen-Buddhismus, des Sufismus und des Hinduismus. Auch die westlichen Psychologieansätze werden verwendet.

Die Transpersonale Psychologie entwickelte sich zum Teil aus anderen psychologischen Schulen wie Psychoanalyse, Behaviourismus und Humanistische Psychologie. Die Transpersonale Psychologie versucht, spirituelle Erfahrungen zu beschreiben und in bereits vorhandene, moderne psychologische Theorieansätze zu integrieren. Diverse Auffassungen innerhalb der transpersonal-psychologischen Ansätze setzen voraus, dass eine Art Seele existiert, die materiell und zeitlich mitunter unabhängig vom Körper Erfahrungen speichern kann, auch aus der Zeit vor der Zeugung. Diese Vorstellung drückt das Adjektiv „transpersonal" aus.

Auch nach eigenem Selbstverständnis steht Transpersonale Psychologie teilweise außerhalb des Kanons der klassischen Wissenschaften und damit auch der Psychologie als empirischer Wissenschaft. Sie betrachtet den naturwissenschaftlichen Ansatz eher als eine Metaphysik unter vielen und tritt für einen weitgehenden methodischen Pluralismus ein. Sie steht auch sogenannten paranormalen Phänomenen, die von der Parapsychologie untersucht werden, offen gegenüber.

Transpersonale Psychologie untersucht nach eigenem Verständnis Bewusstseinszustände „jenseits" (trans) der personalen Erfahrung. Derartige Erfahrungen werden mit Begriffen umschrieben, die das herausgehobene Erleben betonen. Diese Begriffsfelder stammen aus den Bereichen

- veränderte Bewusstseinszustände, Bewusstseinserweiterung, Trance
- Übersinnliches, Irrationales
- Spiritualität, Transzendenz, Religion, Mystik, Mysterium, Epiphanie

Obwohl Carl Jung, Otto Rank und andere Aspekte des Spirituellen und Transpersonalen in ihrem Werk untersucht haben, merkt John Miller, American Psychiatric Association, an, dass die westliche Psychologie eine Tendenz hat, die spirituelle Dimension der menschlichen Psyche zu ignorieren.

Das Menschenbild der Transpersonalen Psychologie ähnelt dem der Humanistischen Psychologie, die ebenfalls die ganzheitliche Entwicklung in das Zentrum ihrer Überlegungen rückt. Die auf der Transpersonalen Psychologie beruhende Transpersonale Psychotherapie setzte bewusstseinsverändernde Stoffe (z.B. LSD) und vergleichbare Methoden (z.B. holotropes Atmen) ein, um Veränderungen der Person zu ermöglichen.

Der Begriff wurde Ende der 1960er Jahre von Vertretern der Humanistischen Psychologie in den USA geprägt. Ursprünglich war der Begriff „transhumanistisch" im Gespräch, wurde dann aber verworfen zugunsten der Bezeichnung „transpersonal". 1969 erschien erstmals das Journal of Transpersonal Psychology.

Wesentliche Begründer und Theoretiker der Transpersonalen Psychologie waren und sind Stanislav Grof, Anthony Sutich, Frances Vaughan, Roger Walsh, Abraham Maslow, Ronald D. Laing, Charles Tart, Roberto Assagioli und Ken Wilber. In Europa wurden auch Elemente der Analytischen Psychologie von Carl Gustav Jung, der von Viktor Emil Frankl begründeten Logotherapie und der von Karlfried Graf Dürckheim begründeten Initiatischen Therapie in die Transpersonale Psychologie integriert.

In der Transpersonalen Psychotherapie werden neben Elementen verschiedener Therapieverfahren vor allem meditative und hypnotische Techniken sowie Methoden der Körpertherapie, der initiatischen Therapie von Graf Dürckheim, Holotropes Atmen, psycholytische Psychotherapie, schamanische Techniken und andere spirituelle Techniken eingesetzt. Dadurch sollen bewusstseinserweiternde Erfahrungen möglich werden, die sich dann auf das Leben des Menschen nachhaltig auswirken.[193]

20.13 Transpersonale Psychotherapie

Als Transpersonale Psychotherapie werden verschiedene psychotherapeutische Ansätze bezeichnet, die aus der Transpersonalen Psychologie hervorgegangen sind oder auf ihren Modellen aufbauen.

Die wesentliche Gemeinsamkeit dieser Ansätze ist die Annahme, dass jeder Mensch das Potential zu Erfahrungen besitzt, die die personale Identifikation des Ichs „transzendieren". Dabei sollen diese Erfahrungen heilend wirken und die Persönlichkeitsentwicklung entscheidend fördern. Die wichtigsten Elemente und Ziele einer Transpersonalen Psychotherapie sind somit die Verwirklichung einer transpersonalen Erfahrung und die Integration dieser Erfahrung.

[193] https://de.wikipedia.org/wiki/Transpersonale_Psychologie

Die verwendeten Techniken sind sehr vielfältig. Wichtig sind spirituelle Erfahrungswege der Religionen wie Elemente östlicher Meditation, christlicher Kontemplation und anderer Traditionen wie des Sufismus, Schamanismus oder der Jüdischen Mystik (Kabbalah), daneben die eher körperlich orientierten Therapieformen wie die Körpertherapien von Wilhelm Reich oder die initiatische Therapie von Graf Dürckheim. Allen gemeinsam ist eine Betonung der Achtsamkeit oder die bewusste Hinwendung auf den Körper, die Empfindungen oder schlicht das „Dasein". Auf dieser Basis entwickelten sich auch die Psychosynthese und aktuell eine transpersonale Verhaltenstherapie

Eine Transpersonale Psychotherapie setzt sich somit häufig zusammen aus einer spirituellen Technik und einer Psychotherapie, die im Kontext der westlichen Psychologie steht. Dabei gibt es von beiden Seiten Kritik. Zum einen steht die akademische und klinische Psychologie einer Vermischung von spirituellen und psychologischen Ansätzen meist ablehnend gegenüber. Gründe hierfür sind häufig unterschiedliche Modelle und Zielvorstellungen im Hinblick auf die Persönlichkeit und ihre Gesundheit.

Auch Vertreter von religiösen Traditionen lehnen aus ähnlichen Gründen transpersonale Ansätze in der Psychotherapie ab, oft mit dem Hinweis, dass keine spirituelle Tradition die Verwirklichung von mystischen bzw. transpersonalen Erfahrungen unabhängig vom jeweiligen kulturellen und religiösen Kontext zum Ziel hat.

Psychotherapeutische Verfahren

- Initiatische Therapie nach Graf Dürckheim
- Prozessorientierte Psychologie nach Arnold Mindell
- Holotropes Atmen nach Stanislav Grof
- Psycholytische Psychotherapie

20.14 Transzendentale Meditation

Transzendentale Meditation (TM) ist der Name einer 1957 von dem Inder Maharishi Mahesh Yogi gegründeten „Geistigen Erneuerungsbewegung" (Spiritual Regeneration Movement), die im Westen besonders durch ihre Flugversuche, das sogenannte „Yogische Fliegen", Aufmerksamkeit erregte. Der Name TM steht zudem für eine von Maharishi zum Leben erweckte leicht abgewandelte Form des traditionellen Yoga, der eine bestimmte Reihe meditativer Übungen umfasst.

Die Meditationstechnik (TM) wird kostenpflichtig gelehrt und ist markenrechtlich geschützt. Die oft als „TM-Bewegung" bezeichnete Organisation wurde mehrmals umbenannt. Seit 2000 tritt sie als „Globales Land des Weltfriedens" auf.

Nach Maharishi Mahesh Yogi basiert die Technik auf Ideen der Veden und mündlichen Überlieferungen seines Lehrers Brahmananda Saraswati. Umfassende wirtschaftliche Aktivitäten gibt es zudem im Bereich Ayurveda. Verbunden mit den Techniken ist ein von Maharishi und seiner Organisation verbreitetes esoterisches Lehrsystem, die so genannte „Maharishi Vedische Wissenschaft, die unter anderem Lehren zu Architektur, Astrologie, Musik und Bildung enthält.

Ziel der Bewegung ist es, die Gesellschaft nach ihren Prinzipien umzubauen, was zu einer Verringerung von Leiden und zu mehr Glück für alle Menschen führen soll. Neben wirtschaftlichen Aktivitäten ist die Organisation in verschiedenen Ländern im Bildungsbereich aktiv. Zur Verfolgung politischer Ziele wurden 1992 mehrere Naturgesetzparteien gegründet, die 2004 wieder aufgelöst wurden.

1957 gründete Maharishi in Madras während einer Gedenkveranstaltung zu Ehren seines verstorbenen Lehrers Swami Brahmananda Saraswati das Spiritual Regeneration Movement (SRM) mit dem Ziel einer weltweiten „geistigen Erneuerung". Ausgedehnte Reisen führten ihn nach Südostasien, USA und Europa. Westdeutschland besuchte Maharishi zum ersten Mal im Jahr 1960. Zwei Jahre später verzeichnete die Organisation in der damaligen Bundesrepublik bereits 18 Meditationszentren.

1961 entstand im nordindischen Rishikesh, Uttar Pradesh, die erste TM-Meditationsakademie, in der noch im gleichen Jahr die ersten internationalen TM-Lehrer-Ausbildungskurse durchgeführt wurden. Zwei Bücher schrieb Maharishi in dieser Zeit: „Die Wissenschaft vom Sein" und „Die Kunst des Lebens" (engl.: The Science of Being and the Art of Living) und eine kommentierte Neuübersetzung der ersten sechs Kapitel der Bhagavad Gita, eines Schlüsseltextes der vedischen Literatur.

Erlernten in den Anfangsjahren vorwiegend spirituell interessierte Erwachsene der Mittelschicht die TM, wuchs mit Gründung der Students' International Meditation Society (SIMS) im Jahr 1965 auch in der jüngeren Generation das Interesse an TM. 1968 hatten in den USA schon 12.000 Studenten TM erlernt, 1970 waren es 32.000.

In Konsequenz dieser Entwicklung begann Maharishi, seine Botschaft in wissenschaftlich anmutende Terminologie zu kleiden. Es entstand die „Science of Creative Intelligence" (Wissenschaft der Kreativen Intelligenz, WKI), bis heute Teil des Kursangebotes. Parallel zur neuen Terminologie drang Maharishi auf eine wissenschaftliche Untermauerung der Wirkungen der Transzendentalen Meditation. Für den damaligen Erfolg der TM-Organisation sieht der Sozialwissenschaftler Hank Johnston zwei Gründe: die Universalität ihrer Meditationstechnik und die Fähigkeit der Organisation, ihre Botschaft verschiedenen Zielgruppen anzupassen.

1968 sorgte im Westen die Hinwendung von Pop- und Filmgrößen – The Beatles, The Rolling Stones, Mike Love (The Beach Boys), Donovan, Mia Farrow, Shirley MacLaine – für wachsende mediale Präsenz und einen Boom der Kursteilnehmerzahlen.

Die Bilder, die die Beatles und ihre Frauen, Donovan und Mia Farrow zu Füßen Maharishi in seiner damaligen Meditationsakademie in Rishikesh, Indien, zeigten (1968), gingen um die Welt und waren wichtiger Anstoßgeber für die einsetzende Flower-Power-Bewegung. Parallel wuchs das Interesse des Westens an östlicher Philosophie und trug ein Weiteres zu dieser Entwicklung bei. Aufgrund von Gerüchten über Annäherungsversuche gegenüber einer Kursteilnehmerin wandten sich die Beatles vorübergehend von Maharishi ab. John Lennon schrieb sein wütendes, auf Maharishi gemünztes „Sexy Sadie", das auf dem Weißen Album veröffentlicht wurde (1968). Später dementierten Paul McCartney, George Harrison und der Harrison-Freund Deepak Chopra, dass es je zu Übergriffen gekommen sei, und bekannten sich wieder zu ihm und seiner Meditation.

Der Meditierende soll bei der Transzendentalen Meditation bequem und aufrecht sitzen und bei geschlossenen Augen gedanklich ein Mantra, ein Wort aus dem Sanskrit, wiederholen. Die Auswahl der Mantren wird von der Organisation geheim gehalten. Laut Aussage ehemaliger TM-Lehrer soll es sich um Namen von Hindu-Gottheiten handeln, ausgewählt nach Alter und Geschlecht der Kursteilnehmer.

In der Meditation zielt das Verfahren darauf ab, die Gedankenaktivität hinter sich zu lassen, zu „transzendieren", und somit das eigene Bewusstsein „pur" zu erfahren: gemäß der Lehre des Maharishi das Selbst des Menschen. Mit fortschreitender Übung werde diese Selbsterfahrung auch während der Aktivität aufrechterhalten. Konzentration oder Kontemplation seien nicht erforderlich. Transzendentale Meditation soll zweimal täglich zwanzig Minuten geübt werden.

Unterrichtet wird TM in einem Sieben-Schritte-Grundkurs. Kostenfrei sind zwei Informationsvorträge und ein persönliches Gespräch mit einem TM-Lehrer. Der sich anschließende Grundkurs, bestehend aus vier zweistündigen Lektionen und einer Überprüfung der Technik zehn Tage danach, ist kostenpflichtig. Folgetreffen zur Überprüfung der Praxis sind optional und lebenslang kostenfrei, ebenso wie der Besuch von Gruppenmeditationen und Einzelsitzungen zur Überprüfung und ggf. Korrektur der Meditationspraxis.

Aufgrund eines Markenschutzes darf die Technik unter dem Namen Transzendentale Meditation nur von autorisierten (zertifizierten) TM-Lehrern unterrichtet werden. Kurse, die zum Teil von ehemaligen TM-Lehrern unter abweichenden Namen angeboten werden, werden von der TM-Organisation nicht anerkannt.[194]

20.15 Trauma

Als psychisches, seelisches oder mentales Trauma oder Psychotrauma (Plural Traumata, Traumen; griechisch Wunde, τραύμα) wird in der Psychologie eine seelische Verletzung bezeichnet. Das Wort Trauma kommt aus dem Griechischen und bedeutet allgemein Verletzung, ohne dabei eine Festlegung zu treffen, wodurch diese hervorgerufen wurde.

In der Medizin wird mit dem Begriff Trauma eine Verwundung bezeichnet, welche durch einen Unfall oder eine Gewalteinwirkung hervorgerufen wurde. Diese Verwendung ist seit dem 19. Jahrhundert belegt. Analog hierzu bezeichnet

[194] https://de.wikipedia.org/wiki/Transzendentale_Meditation

man in der Psychologie eine starke psychische Erschütterung, welche durch ein traumatisierendes Erlebnis hervorgerufen wurde, als Psychotrauma. Der Begriff wird nicht einheitlich verwendet und kann sowohl das auslösende Ereignis, aber auch die Symptome oder das hervorgerufene innere Leiden bezeichnen.

Traumatisierende Ereignisse können beispielsweise Naturkatastrophen, Kriege, Geiselnahmen, Vergewaltigungen oder Unfälle mit drohenden ernsthaften Verletzungen sein. Sowie außerdem zum Beispiel Kriegserlebnisse, Entführungen, Terroranschläge, Folter, Lagerhaft, politische Haft oder gewalttätige Angriffe auf die eigene Person.

Diese Ereignisse können in einem Menschen extremen Stress auslösen und Gefühle der Hilflosigkeit oder des Entsetzens erzeugen. Die hierdurch im Menschen hervorgerufene Angst- und Stressspannung kann bei der Mehrzahl der Betroffenen wieder von alleine abklingen, wobei sich auch bei diesen Menschen das Verhalten ändert. Die Überwindung des Traumas hat sie wachsen lassen. Richard G. Tedeschi und Lawrence G. Calhourn haben dafür den Begriff posttraumatisches Wachstum (engl. posttraumatic growth) definiert.

In besonderen Fällen jedoch, wenn diese erhöhte Stressspannung über längere Zeit bestehen bleibt und es keine Möglichkeit gibt, die Erlebnisse adäquat zu verarbeiten, kann es zur Ausbildung von teils intensiven psychischen Symptomen kommen. Bei etwa einem Drittel der Betroffenen kommt somit zu der schmerzlichen Erinnerung noch ein psychisches Krankheitsbild hinzu, welches zusätzliches Leid verursacht. Das bekannteste dieser Krankheitsbilder ist die sogenannte posttraumatische Belastungsstörung (PTBS). Aber auch andere Krankheitsbilder können nach Traumatisierungen auftreten.

In der Alltagssprache kam es zu einer inflationären Verwendung des Begriffes, und häufig wird der Begriff des Traumas in Zusammenhang mit allen besonders negativen oder leidvollen Erfahrungen verwendet. In der medizinischen oder psychologischen Fachliteratur ist dieser Begriff jedoch wesentlich enger gefasst und bezieht sich ausschließlich auf Ereignisse, die psychische Folgestörungen auslösen könnten.

Psychische Traumata stellen den wissenschaftlichen Gegenstand der Psychotraumatologie dar.

Konzepte, die sich mit der Überwindung von Traumen beschäftigen sind unter anderem Resilienz, Salutogenese und Hardiness.

Fischer und Riedesser definieren Trauma in ihrem Lehrbuch der Psychotraumatologie (München, 1998, S. 79.) als:

> „[...] ein vitales Diskrepanzerlebnis zwischen bedrohlichen Situationsfaktoren und den individuellen Bewältigungsmöglichkeiten, das mit Gefühlen von Hilflosigkeit und schutzloser Preisgabe einhergeht und so eine dauerhafte Erschütterung von Selbst- und Weltverständnis bewirkt."

Das medizinische Klassifikationssystem ICD-10 und die zugehörigen diagnostischen Anleitungen beschreiben das Traumakriterium als:

> „[...] ein belastendes Ereignis oder eine Situation kürzerer oder längerer Dauer, mit außergewöhnlicher Bedrohung oder katastrophenartigem Ausmaß, die bei fast jedem eine tiefe Verzweiflung hervorrufen würde (ICD-10) (z.B. Naturkatastrophe oder menschlich verursachtes schweres Unheil – man-made disaster – Kampfeinsatz, schwerer Unfall, Beobachtung des gewaltsamen Todes Anderer oder Opfersein von Folter, Terrorismus, Vergewaltigung oder anderen Verbrechen)."

Möglicherweise die erste Beschreibung traumatischer Ereignisse findet sich im Gilgamesch-Epos, das vor circa 5000 Jahren verfasst wurde: Ich war erschreckt von seinem Anblick, Ich begann den Tod zu fürchten und die Wildnis zu durchstreifen, Mein Freund, den ich liebte, ist zu Ton geworden". So beschreibt der babylonische König laut des Epos den Tod seines Freundes Enkidu. Weitere Beschreibungen finden sich in der Ilias.

Ähnliche Schilderungen existieren aus der Schlacht bei Marathon und in den Tagebüchern des Samuel Pepys, der das große Feuer von London miterlebte. Dieser notierte in seinem Tagebuch: Je dunkler es wurde, desto größer erschien das Feuer, in allen Winkeln, auf Hügeln, zwischen Häusern und Kirchen, so weit man sehen konnte, bis zur City leuchtete die schreckliche blutrote Flamme, nicht wie die Flamme eines gewöhnlichen Feuers. Wir blieben, bis man das Feuer als einen einzigen blutroten Bogen von dieser bis zur anderen Seite der Brücke sah, ein Bogen, der etwa eine Meile lang war. Der Anblick machte mich weinen. Später notierte Pepys in seinem Tagebuch, dass er unter Schlafstörungen und nächtlicher Angst vor dem Feuer leide. Posthum wurde mehrere Jahrhunderte nach dem Tode von Pepys eine PTBS diagnostiziert.

Ereignisse, welche häufig zu Traumatisierungen führen, bzw. neu als „potenziell traumatische Ereignisse" bezeichnet, sind beispielsweise:

Naturkatastrophen, Krieg, Kampfeinsatz, Folter, Vertreibung, terroristischer Anschlag, Vergewaltigung, Unfall mit drohenden ernsthaften Verletzungen, Traumata durch medizinische Eingriffe, sexueller Angriff oder sexualisierte Gewalt, Beobachtung des gewaltsamen Todes anderer, Tod der Eltern in der Kindheit, Verlust der geliebten Person und/oder der eigenen Kinder, lebensbedrohliche Krankheiten in der Kindheit, ausgeprägte emotionale oder körperliche Vernachlässigung in der Kindheit.

Aber auch weniger dramatisch erscheinende Ereignisse können im ungünstigen Fall dazu führen, dass ein Mensch in den Zustand intensiver Hilflosigkeit gerät und die eigenen Bewältigungsmöglichkeiten hierdurch überschritten werden. Als Beispiele können hier genannt werden: schwere persönliche Angriffe und Schmähungen, lang andauernde Manipulation, Mobbing, emotionaler Missbrauch, körperliche Züchtigung, Scheidung oder Trennung, Konfrontation mit Traumafolgen als Helfer, traumatisierendes Geburtserleben.

Ob eine Situation traumatisch wird, hängt nicht nur von den äußeren Umständen, sondern auch sehr stark vom inneren Erleben dieses Ereignisses ab. Ein Verschütteter, der in dem festen Glauben ist, dass Hilfsmannschaften rechtzeitig zu ihm durchdringen werden, wird noch nicht unter der akuten Todesangst und dem gleichen Stresshormonpegel stehen wie ein Verschütteter, der sich alleine und vollkommen hilflos fühlt, da er von den eingeleiteten Rettungsmaßnahmen noch gar nichts mitbekommen hat.

Ein Arzt, welcher berufsbedingt gewohnt ist, schwere Verletzungen zu sehen, wird auch bei Anblick eines schweren Verkehrsunfalls nicht in den Zustand von Hilflosigkeit gedrückt, sondern hat zuvor in einem persönlichen und guten Kontakt zusammen mit anderen Medizinstudenten gelernt, Distanz zu dem Leid von Menschen zu wahren, Wörter hierfür zu finden und kann folglich dieses Ereignis schneller einordnen. Er wird nicht von den grauenhaften Bildern der Unfallstelle sprachlos überwältigt und er wird sich nicht alleine und schutzlos diesen Bildern ausgeliefert fühlen.

Ob ein Mensch aufgrund einer traumatischen Situation mit einer psychischen Störung reagiert und welches Krankheitsbild danach im Vordergrund steht, hängt meistens sehr von den persönlichen Bewältigungsmöglichkeiten und vielen weiteren Faktoren ab. Es gibt allerdings auch Ereignisse, die fast immer zu einem psychischen Krankheitsbild führen. Nach Folter erholt sich fast niemand von alleine, und nach einer Vergewaltigung erholt sich nur ein Viertel der Betroffenen von alleine.[195]

20.16 Traum-Induktion

Es gibt eine Reihe von Traum-Induktionstechniken, Klarträume (Luzides Träumen) hervorzurufen, sie nach der Induktion zu stabilisieren oder in einer anderen Weise den Träumenden zu helfen, ihre Ziele zu erreichen.

Weil bei jedem Menschen die verschiedenen Techniken unterschiedlich gut wirken, kann man durch Ausprobieren und Experimentieren herausfinden, mit welchen Techniken man die besten Erfolge hat, um sich dann auf diese zu konzentrieren.

Als Dream Initiated Lucid Dream (DILD, dt. aus einem Traum eingeleiteter Klartraum) werden sowohl bewusstseinsgewinnende Techniken bezeichnet, als auch Klarträume, die mit einer solchen Technik eingeleitet wurden. Das heißt der Träumer schläft erst trüb ein und stellt später, während er träumt, fest, dass es sich bei dem Erlebten um einen Traum handelt. Auch ein Traum, der ohne Anwendung einer Technik die Erkenntnis des Traumzustandes während des Träumens beinhalten, wird DILD genannt. Es gibt unter anderem folgende Variationen von DILD-Techniken:

[195] https://de.wikipedia.org/wiki/Trauma_(Psychologie)

- Dream Initiated Lucid Dream (DILD): kritisches Bewusstsein und Realitätstests.
- Stress Induced Lucid Dream (SILD): Durch in einer Wachphase plötzlich auftretenden Stress induzierter Klartraum.
- Mnemonic Induced Lucid Dream (MILD): Affirmation und die Erinnerung, dass man Träumt.
- Tholeys Kombinierte Technik
- Sense-Initiated Lucid Dream (SSILD): Durch Konzentration auf die Sinne spontane Klarheit erzeugen.
- Lucidity Induced Lucid Dream (LILD): Im Klartraum für zukünftige Klarträume sorgen
    - Character Assisted Lucid Dream (CALD): Imaginäre Personen erschaffen, die für Klarheit sorgen.
    - Dream Characters Initiated Lucid Dream (DCILD): Von einer Traumperson die Traumerkenntnis erlangen. (Siehe auch: Traumhelfer)
    - Dreamsign Jewelry: Sich in seinen Träumen ein Accessoire, Schmuck oder ein Tattoo zulegen, das man immer trägt

- Externally Induced Lucid Dream (EILD): Durch externe Signale erzeugte Traumerkenntnis

  - Flash Light Initiated Lucid Dream (FLILD): Blitzende oder blinkende Lichter als Signal an den Träumer

  - Light Cue Induced Lucid Dream (LCILD): Lichtsigale an den Träumer senden

  - Computer Games Induced Lucid Dream (CGILD): Audio-sequenzen von Computerspielen, die mit Botschaften (z.B. "Ich bin mir sicher es ist ein Traum") versehen wurden an den Träumer senden.

  - Bug Induced Lucid Dream (BILD): Mit mindestens einem fliegenden Insekt im Zimmer schlafen, bei auffälligen Geräuschen einen Realitätstest durchführen

  - Vibration Initiated Lucid Dream (VILD): Signale in Form von Vibration an den Träumer senden (z.B. mit einem Armband)

  - Audio-Induced-Reality-Check Lucid Dream (AIRCLD): Audio-Botschaften an den Träumer senden (z.B. wiederholt den Satz "Mach einen Realitätstest" abspielen)

- Rausis: Ein Geräusch wenige Minuten nach einem sehr kurzen [WSIB] abspielen, das einen an den Traumzustand erinnern soll

➢ Konditionierung

- Traumzeichen erkennen: The Dreamsign Mark and Replay Technique
- Lucid Anchors: Realitätstests und Konditionierung
- Eye Movement Induced Lucid Dream (EMILD): Realitätstests an starke Augenbewegungen koppeln, täglich mehrere Minuten Zeit für Realitätstest-Übungen nehmen
- Conflict-Induced Reality Check Method (CIRC): Bei jeglicher Art von Konflikt Realitätstests durchführen
- Crush Induced Lucid Dream (CILD): Einen Realitätstest durchführen, wenn man seinem Schwarm begegnet
- 5-Initiated Lucid Dream (5ILD): Immer einen Realitätstest durchführen, wenn man die Zahl 5 liest oder an sie denkt.

- Traumpersonen-Hitliste/Projection Hit List: Eine Liste von Traumcharakteren führen, an häufig auftauchende Personen Realitätstests binden

- Color DILD: Realitätstests an eine bestimmte Farbe binden

- I'm Typing LOL: Immer einen Realitätstest durchführen, wenn man "LOL" liest, schreibt, hört oder sagt, oft das Lied "I'm Typing LOL!" anhören

➢ Trauminkubation/Incubation Induced Lucid Dream (IILD)

- Hunger-initiated Lucid Dream (HILD): Sehr hungrig schlafen, um Träume von/vom Essen zu inkibieren

- Band Initiated Lucid Dream (BILD): Im Schlaf seine Lieblingsband hören, um die Wahrscheinlichkeit zu erhöhen, im Traum diese Band zu treffen und dies als Traumzeichen zu erkennen

- Tetris-induced Lucid Dream (TILD)/Game Induced Lucid Dream (GILD): Tagsüber lange ein bestimmtes Spiel spielen, um dann davon zu träumen

- Cycle Adjustment Technique (CAT): Täglich einen Realitätstest zu einer bestimmten Uhrzeit durchführen, nach einigen Tagen zur selben Zeit schlafen

- Tagtraum-Bewusstsein-Technik (Daydream Awareness Technique, DDA): Beim Einschlafen gezielt von Dingen tagträumen, die man in einem Klartraum tun möchte, den Tagtraum bewusst lenken

- Picture Initiated Lucid Dream (PILD): Visualisierungen beim Einschlafen zur Klartrauminkubation und regelmäßig überprüfen, ob man sich in einem Traum befindet

- Nightmare Induced Lucid Dream (NILD)/Fright/Fear Induced Lucid Dream (FILD): Beim Einschlafen Angst aufbauen, um einen Alptraum zu inkubieren

- Ein erfundenes Szenario ins Traumtagebuch schreiben, in dem man klar wurde

- Game Spray Induced Lucid Dream (G-SILD): Eigene Grafiken in Computerspiele einbauen

- Ein Drehbuch für einen Traum schreiben, sich den Traum einprägen und beim Einschlafen wiederholen

- Complex Character Induced Lucid Dream (CCILD): Einen imaginären Charakter bzw. eine

Person kreieren, komplexe Eigenschaften ausbauen, unter anderem den Willen, den Träumer klar zu machen

- Schlafwandel-Technik: Sich vor dem Einschlafen vorstellen, einen bekannten Weg zu gehen, dabei sehr aufmerksam auf die Umgebung und Details achten

- Journal Induced Lucid Dream (JILD)/Writing Induced Lucid Dreaming (WrILD): Vor dem Einschlafen einen Traum oder ein Traumelement ins Traumtagebuch schreiben, um dann davon zu träumen

Als Waking Initiated Lucid Dream (WILD) werden sowohl bewusstseinsbewahrende Techniken, als auch Klarträume, die mit einer solchen Technik eingeleitet wurden, bezeichnet. Das heißt es erfolgt ein Übergang vom Wachzustand direkt in den Klartraum. Man behält also sein Bewusstsein im Einschlafzustand und gelangt so in den Klartraum. Es gibt unter anderem folgende Variationen von WILD:

- Wake-Initiated Lucid Dream (WILD): Die Schlafparalyse überdauern und bewusst in den Traum einsteigen

- Dream Exit Initiated Lucid Dream (DEILD)/Traumverkettung: Nach halbem Aufwachen gleich wieder einschlafen und WILDen

- (iWILD): Bewusstes Erwachen und umgehendes WIL-Den.
- Die Körpertechnik/Body Induced Lucid Dream (BILD): Sich beim Einschlafen auf den eigenen Körper konzentrieren, um bewusst zu bleiben
- Finger Initiated Lucid Dream (FILD) bzw. Hargart's Initiated Lucid Dream (HILD): Wiederholte minimale Bewegungen in den Traum übertragen
    - Alternate Finger Initiated Lucid Dream (AFILD): Eine Variante von FILD (Finger Initiated Lucid Dream)
    - Maplmanhas Technik: Eine FILD-Variante (mit Liegestützen)
- Die Bildtechnik/Hypnagogic Imagery Technique (HIT): Sich beim Einschlafen auf hypnagoge Bilder konzentrieren, um bewusst zu bleiben
    - Think Understand Rethink Dream (TURD): Durch intensives Nachdenken über hypnagoge Bilder und Szenen aufmerksam und bewusst bleiben
    - Visual (Wake) Initiated Lucid Dream (VILD/V-WILD): Vorprogrammierte Szenen immer wiederholen, bis sie zum Traum werden

- Visual WILD (VWILD): Beim Einschlafen in der Vorstellung alle Sinne wahrnehmen

- Temperature Induced Lucid Dream (TILD): Beim Einschlafen abwechselnd eine warme und eine kalte Umgebung vorstellen, um im sich bildenden Traum

- Natural Sleep Simulation Induced Lucid Dream (NSSWILD): Sich beim Einschlafen mithilfe von Hypnagogien auf alle Sinne konzentrieren

- Guitar Riff Induced Lucid Dream (GRILD): Sich beim Einschlafen ein selbstgeschriebenes Gitarrenriff vorstellen

➢ Beschäftigungen während des Einschlafens, um geistig wach zu bleiben:

  - Von 100 rückwärts zählen, bei 0 einen Realitätstest durchführen

  - Sich vorstellen, eine Treppe hoch- und runterzugehen, Stufen zählen, bei 100 einen Realitätstest durchführen

  - Sich vorstellen, einen gewohnten Weg (zur Arbeit/Schule) zu gehen, an vorgegebenen Stellen und am Ziel Realitätstests durchführen

  - Schafe oder andere Dinge zählen, bei 100 einen Realitätstest durchführen

  - Wiederholt in Gedanken einen Satz aufsagen (z.B.: "Ich träume.")
  - Rechenaufgaben lösen, nach jeder Aufgabe einen Realitätstest durchführen
  - Einen Arm hochhalten
  - Dem Atem aufmerksam zuhören

- Sonstige Induktionstechniken
  - Rhythm Napping: Intervallweise wecken lassen und wieder einschlafen
  - Power Napping: Eine Kombination aus WBTB und einer MILD-Variante
  - Dreamcar: Eine Kombination aus Atemtechnik, vorprogrammierten Träumen, Regulierung der Gespaltenheit, und Erinnerungsschleifen
  - Autosuggestion: Sich selbst suggerieren, dass man einen Klartraum haben wird (z.B. beim Einschlafen oder Meditieren)
  - Multiple Induction Technique (MIT): Mehrere Techniken kombinieren oder sonstwie parallel anwenden

- Prayer Induced Lucid Dreaming (PILD): Beten, einen Klartraum zu bekommen

Stabilisierungstechniken zur Stabilisierung des Klartraums oder der Klarheit sind natürlich erst dann hilfreich, wenn man zuvor einen Klartraum, möglicherweise mit Hilfe einer der genannten Induktionstechniken, erzeugt hat. Teilweise sollen sie einen Klartraum aufrecht erhalten, sodass man nicht frühzeitig aufwacht, teilweise sollen sie den Grad der Klarheit erhöhen oder eine Traumszene aufrecht erhalten. An Stabilisierungstechniken gibt es grundlegende Kritik. Manche vermuten, dass sie ausschließlich auf dem Placebo-Effekt beruhen.

- Traumhelfer
- Meditation
- Autosuggestion
- Sicherheitsmodule
- Atemregulierung und Gespaltenheitsregulierung nach Dreamcar[196]

[196] https://www.klartraum-wiki.de/wiki/Techniken

20.17 Trigger

"Trigger" ist ursprünglich ein technischer Begriff, sowohl aus physikalischen Aspekten heraus wie auch z.B. in der Softwareentwicklung ein sehr bekannter Begriff für Ereignisse, die eine Reaktion hervorrufen sollen ohne wissen zu müssen, woher dieses Ereignis letztlich herrührt.

In der Psychologie wird eher von Schlüsselreizen gesprochen, wobei es sich zumeist um angeborene Reaktionen auf einige Reize handelt wie z.B. bei Tieren häufig beobachtete Verhaltensmuster (Flucht, Fütterung, Jagd), dort dann auch häufig angeborener Auslösemechanismus (AAM) genannt oder noch einfacher "Instinkte". Auch gibt es einige wenige Trigger, die erst gelernt werden müssen, insbesondere das Erkennen von Gefahrensituationen. Ein Schlüsselreiz kann also auch durch Prägung in einer bestimmten, sensiblen Lebensphase ausgebildet werden. Solche erlernten Schlüsselreize sind jedoch oft schwer von angeborenen Schlüsselreizen und konditioniertem Verhalten zu unterscheiden.

Unter Trigger versteht man Sinneseindrücke, die Erinnerungen an alte Erfahrungen in einer Art wecken, als ob diese Erfahrung jetzt nochmal neu gemacht werden würde. Diese Erinnerung erfolgt meist plötzlich und mit großer Wucht. Die damaligen Gefühle werden unmittelbar erlebt (Flashback). Die reale aktuelle Situation kann dann vom Betroffenen oft nicht mehr wahrgenommen werden. Er reagiert oft so, als würde er sich in der alten, erinnerten Situation befinden.

Als Trigger können auch ganz schwache Signale wirken, beispielsweise ein Jahrestag, Geruch, Geräusch, Geschmack, eine Geste, Farbe oder eine ähnelnde Situation. Sie stehen meist im Zusammenhang mit schweren seelischen oder körperlichen Verletzungen (posttraumatische Belastungsstörung) als Folge von seelischen, sexuellen oder körperlichen Missbrauchs.

Ein solche Trigger muss seine Wirkung auch nicht sofort entfalten. So kann es zum Beispiel sein, dass ein Trigger erst nicht wahrgenommen wird und möglicherweise Stunden, Tage oder gar Wochen später eine dann unerwartete Reaktion erfolgt. Einerseits hat dies oft mit einer fehlenden Erinnerung an die eigentlich damit verbundenen Situation (z.B. Missbrauch in frühestem Kindesalter), durchaus aber auch mit einem zum Selbstschutz hervorragend etabliertem Verdrängungsmechanismus zu tun, den sich traumatisierte Opfer häufig aneignen. Für den Außenstehenden sind diese Reaktionen meist unverständlich und selbst der davon Betroffene findet kaum Zugang zu sich selbst; Selbsthass und selbstverletzendes Verhalten (SVV) bis hin zum Suizid sind nicht selten Folgen dieser Trigger.

Ein "Klassiker" unter den Triggern und eher ein konditioniertes Verhaltensmuster ist z.B. gegeben, wenn ein Kind häufig geschlagen bzw. verprügelt wurde später bei einer sich auch nur ähnelnden Geste, die an eine erhobene Hand erinnern könnte, sofort in Abwehrhaltung oder gar aggressiv in Opposition geht. Hier kann schon ein Bild einer eigentlich nur winkenden Person missverstanden werden und damit Auslöser (Trigger) sein.[197]

[197] https://www.regenbogenwald.de/themen/trigger-als-ausloeser-psychischer-reaktionen.htm

21 Buchstabe U

21.1 Unterbewusstes (Unterbewusstsein)

Als das Unbewusste bezeichnet die Tiefenpsychologie einen Bereich der menschlichen Psyche, der dem Bewusstsein nicht direkt zugänglich ist, aber diesem zugrunde liege: in der Herausbildung der Menschheit (Hominisation) wie auch des einzelnen Menschen (Ontogenese).

Die Tiefenpsychologie geht davon aus, dass bei jedem Menschen in allen Lebensphasen unbewusste psychische Prozesse das Handeln, Denken und Fühlen entscheidend beeinflussen. Die Bewusstmachung und Anerkennung unbewusster Vorgänge könne psychisch gesunde Menschen in ihrer Persönlichkeitsentwicklung unterstützen und sei auch eine wesentliche Voraussetzung für die Psychotherapie vieler psychischer Störungen (unter anderem der sogenannten Neurosen).

Die Bezeichnung entstammt der Philosophie, insbesondere der deutschen Tradition nach Immanuel Kant. Die Existenz eines Unbewussten überhaupt sowie seine genaue Definition werden im Anschluss an die durch Sigmund Freud begründete Psychoanalyse bis heute kontrovers erörtert.

In einigen Wissenschaften, aber auch in der Alltagssprache, konkurriert der Begriff des „Unbewussten" mit dem des „Unterbewussten". So definiert der Philosoph Rudolf Eisler nach den lateinischen Fachbegriffen: „Unterbewusst (subconscious, subconscient) ist das nicht Apperzipierte, gleichsam im »Hintergrunde« des Erlebens Befindliche, nicht für sich selbst Bewusste, sondern nur einen Teil des individuellen Gesamtbewusstseins Bildende, durch seine Wirkungen auf das Bewusste und durch Gefühle sich Manifestierende". Der Mediziner Otto Dornbusch versteht unter dem Unterbewussten „geistige Vorgänge, die ohne Bewusstsein ablaufen".

Nach Freud ist das Unbewusste des erwachsenen Menschen ein System, das vor allem aus verdrängten oder abgewehrten Bewusstseinsinhalten wie zum Beispiel verdrängten Erlebnissen, Gefühlen oder Wünschen besteht. Das Unbewusste ist angesiedelt im Grenzbereich zwischen Körper als Triebquelle und deren geistig-seelischer Repräsentation und beinhaltet insbesondere psychische Vorstellungen („Triebrepräsentanzen") der Triebe. Diese unterliegen, so Freud, einer „Urverdrängung", die das weitere Verdrängungsgeschehen im Seelenleben des Individuums begründet. „Verdrängte" Inhalte und Vorstellungen determinieren im psychoanalytischen Modell der Psyche das Verhalten, Denken und Fühlen der Individuen. Solche unbewussten Sinnzusammenhänge können hier aus Träumen oder sogenannten Freud'schen Fehlleistungen indirekt erschlossen werden.

Der Begründer der Psychoanalyse stellte zwei verschiedene und nicht ganz deckungsgleiche Modelle des psychischen Apparats auf: Zuerst das Modell Bewusstes/Vorbewusstes/Unbewusstes (topographisches Modell), später das Modell Ich/Es/Über-Ich (Strukturmodell der Psyche).

Freud kam auf der Grundlage der Erfahrungen, die er mit seinen Patienten machte, zunächst zu einer quasi räumlichen Unterscheidung dreier psychischer Bereiche der menschlichen Seele:

- Das Bewusste: Seine verschiedenen Inhalte können nach Belieben in den Fokus der Aufmerksamkeit gerückt und beiseitegelegt werden (Vorstellungen, Gedanken und Wahrnehmungen).

- Das Vorbewusste: Dies sind seelische Inhalte, auf die das Bewusstsein nicht sofort zugreifen kann, die jedoch durch Suchen nach Zusammenhängen auftauchen oder einem „einfallen" (wie der Name eines länger nicht gesehenen Bekannten, den man auf der Straße trifft). Diese Inhalte sind relativ leicht zugängliche Gedächtnisinhalte.

- Das Unbewusste: Trotz willentlicher Anstrengung kann ein seelischer Inhalt nicht direkt bewusstgemacht werden; es bedarf hierzu des Handwerkszeugs bestimmter Methoden wie der psychoanalytischen Technik oder auch der in der Freud'schen Psychoanalyse jedoch nicht mehr praktizierten Hypnose.

Es, Ich und Über-Ich: Freud kombinierte später die drei oben genannten Bereiche (bewusst, vorbewusst und unbewusst) seines ursprünglichen Seelenmodells mit einem weiteren, jedoch nicht ganz deckungsgleichen Strukturmodell der Psyche, das drei psychische „Instanzen" unterscheidet: Es,

Ich und Über-Ich. In diesem Modell der Psyche ist das Unbewusste weitgehend – jedoch nicht ganz – identisch mit dem Es, dem Bereich der natürlichen, das heißt im Erbgut eingespeicherten, angeborenen Triebe und Instinkte. Das Über-Ich im Gegensatz zu diesen demnach artspezifischen Inhalten der Psyche, gilt als die internalisierte Elternautorität, der Sitz von Erfahrungen, die die Individuen ab ihrer Geburt selbst erwerben, beziehungsweise mittels Prägung in die dafür zuständige psychische Instanz verinnerlicht werden. Hierbei unterscheidet Freud diese Erfahrungen prinzipiell nach zwei Richtungen: a) solche, die die Instinkte und respektive das Es erweitern ohne mit ihm in einen Konflikt zu geraten. Und b) umgekehrt jene Erfahrungen, die den Instinkten zuwiderlaufen, sodass das Es mit vielen seiner Inhalte schließlich ins Unbewusste verdrängt werden kann, vor allem der Ideale, der Moral und des Gewissens.

Das Ich ist vor allem die Instanz des Bewusstseins und kann sich reflektierend sowohl mit seinen eigenen Inhalten als auch denen der beiden anderen psychischen Instanzen befassen und gegebenenfalls – sollte ein Konflikt bestehen – zwischen ihnen vermitteln. Darüber hinaus ist das Ich die Instanz, in der die Entscheidung über einen von Freud im Vorbewusstsein vermuteten Abwehrmechanismus gefällt wird. Dieser Abwehrmechanismus richtet sich gegen die Inhalte des Es, das eine Reihe angeborener Grundbedürfnisse beinhaltet. Die Abwehr kann bis zur vollständigen Verdrängung dieser Bedürfnisse ins Unbewusste führen, begleitet von ihrer Frustration und unter Umständen neurotischem Leiden. So ist es eines der Hauptanliegen der psychoanalytischen

Behandlung, diese verdrängten Inhalte nach und nach wieder bewusst zu machen und es somit zu ermöglichen, die einmal gegen sie gefällte Entscheidung zu revidieren.

Als Neurologe sah Freud die Bedürfnisse des Es, welche auch die psychische Energie (Libido) des Individuums lieferten, als somatisch, das heißt körperlich bedingt an und war bemüht, seine psychologischen Thesen mittels Befunden aus der biologischen Forschung abzusichern.

Unbewusstes und Neurose: Das Hauptanliegen der Psychoanalyse nach Freud ist die Aufhebung der zwischenmenschlichen Illusionen und die Wiederbewusstmachung jener psychischen Inhalte, die aufgrund von sittlicher Erziehung und/oder erlittener Traumata in das Unbewusste verdrängt wurden. Damit einher geht nach Freud die Behebung des mit der Verdrängung verbundenen neurotischen Leidens und der sinnlosen Destruktivität des Wiederholungszwangs. Denn das Verdrängte wirkt im Unbewussten unsichtbar weiter und führt so zu unerwünschtem Verhalten, zwischenmenschlichen Beziehungsstörungen und psychischem Leiden. Erst durch eine Bewusstmachung des Verdrängten vermag der Mensch sich von der Macht seines Unbewussten zu befreien.

Das Ziel der Psychoanalyse fasste Freud deshalb in dem bekannt gewordenen Schlagwort zusammen: „Wo Es war, soll Ich werden." In einer anderen berühmten Formulierung geht es nach Freud in der Psychoanalyse darum, den Menschen zu unterstützen, „Herr im eigenen Hause zu werden". Eine herausragende Rolle hierbei schrieb er der psychoanalytischen Traumdeutung zu. Das Unbewusste selbst stellt einen natürlichen Bestandteil der psychischen Organisation dar und ist insofern von den pathologischen Formen der Verdrängung zu unterscheiden.

Das Unbewusste bei Jung: Die von Carl Gustav Jung begründete „analytische Psychologie" weist teilweise ähnliche Grundannahmen, Methoden und Ziele wie die Freud'sche Psychoanalyse auf. Beide suchen die Möglichkeit der (Wieder)-Bewusstwerdung unbewusster Inhalte in der tiefenpsychologischen Therapie. Bei beiden ist der Traum eine wesentliche Brücke zum Unbewussten. Neben der nach Freud sehr wichtigen Arbeit des „Aufdeckens" unbewusster Antriebe und Vorstellungen ist es nach Jung von zentraler Bedeutung, in der Therapie (einschließlich Traum-Analyse) die Herausbildung einer dialogischen Beziehung zum Unbewussten zu fördern, sodass dieses als schöpferische Quelle neuer Möglichkeiten und Einsichten zum Tragen kommt: „So wie bewusste Inhalte in das Unbewusste verschwinden können, so können auch Inhalte aus dem Unbewussten aufsteigen.

Neben einer Mehrzahl von bloßen Erinnerungen können auch wirklich neue Gedanken und schöpferische Ideen zum Vorschein kommen, die nie zuvor bewusst waren. Sie wachsen aus den dunklen Tiefen wie ein Lotus und bilden einen wichtigen Teil der subliminalen Psyche." So strebe das Unbewusste nach Bewusstwerdung im Menschen: „Ein Symbol verschleiert nicht, es enthüllt zur rechten Zeit"; und es sei

Aufgabe der Traumdeutung, dass „die Botschaft des Traumes, das heißt der unbewusste Beitrag zu der eigentlichen bewussten Situation, so genau wie möglich verstanden wird", wozu der persönliche wie auch der archetypische Kontext der Traumbilder zu untersuchen sei.

Kollektives Unbewusstes mit archetypischen Strukturen: Eine Besonderheit in Jungs Theorie des Unbewussten besteht in der Annahme eines „Kollektiven Unbewussten". Dieses Konzept hat eine Schnittmenge zu der Freud'schen Annahme von Inhalten des ES, die der Menschheit, weil angeboren, allgemein oder eben kollektiv wären – siehe u. a. die berühmten „phallischen Symbole" bei Freud und die Diskussionen des Lingam-Symbols bei Jung.

Konsequenter noch als Freud die „archaische Erbschaft" sah Jung das kollektive Unbewusste als Essenz von Erfahrungen an, die die Menschheit während ihrer Evolution verinnerlicht habe – und die zugleich als Strukturgrundlage heutiger seelischer Erfahrung und Verhaltensmuster wirkten (Referenzen im Hauptartikel zum kollektiven Unbewussten). Daher sah Jung in der Bewusstwerdung von Inhalten des kollektiven Unbewussten auch einen kulturrelevanten Prozess: „Die symbolerzeugende Funktion unserer Träume stellt einen Versuch dar, unseren ursprünglichen Geist dem Bewusstsein zuzuführen, wo er nie zuvor gewesen ist und sich nie kritischer Selbstbetrachtung ausgesetzt hat. Man ist dieser Geist zwar gewesen, aber man hat ihn nie gekannt."

Das kollektive Unbewusste enthält, so Jungs These, als Strukturdominanten die von ihm 1919 beschriebenen Archetypen. Archetypen zeigen sich in formalen Strukturen der Anschauung und des Erlebens wie auch in den zugehörigen Emotionen und sie sind interkulturell anzutreffen. Archetypen sind aber nicht an sich erkennbar, sondern nur hypothetisch aus typischen Mustern archetypischer Bilder und Erfahrungen erschließbar. Auch die menschliche Persönlichkeitsstruktur hat archetypische Grundlagen, zu denen gehören: Animus und Anima (das Bild des Männlichen und das Bild des Weiblichen), Schatten (negative, sozial unerwünschte, unterdrückte Züge der Persönlichkeit), sowie der alte Weise und die alte Weise als eine von vielen Symbolgruppen des Selbst als Ausdruck der Ganzheit und 'Mitte' der Psyche. Archetypen sind eines jeden Individuums präexistente unbewusste psychische Strukturgrundlage, welche die Entwicklung der Persönlichkeit und ihrer Vorstellungen ebenso prägen wie äußere Einflüsse. Ein menschliches Bewusstsein taucht aus dem (kollektiven) Unbewussten auf und seine Subjektivität entsteht durch einen Prozess fortschreitender Integration unbewusster Inhalte zu seinem Bewusstsein und seiner Ich-Persönlichkeit, was Jung als Prozess der Individuation bezeichnete.

Jungs Konzeption des kollektiven Unbewussten mit zugehörigem Konzept der Archetypen als in diesem enthaltene Strukturen erweitern den Inhalt des Unbewussten um Elemente, die traditionell mythologisch bzw. religiös erscheinen. Aufgrund dieser theoretischen Assimilation von Glaubensinhalten durch die Psychologie des Unbewussten hielt er es stets für notwendig, darauf hinzuweisen, dass er keine Aussagen religiöser Natur zu treffen beabsichtige, sondern sich lediglich als Psychologe äußere.

Während Freud die Konstitution des Unbewussten tendenziell eher biographisch, durch Urverdrängung in der Ontogenese des Individuums zu begründen sucht und der Annahme ererbter Inhalte eher skeptisch gegenübersteht, ist es nach Jung geradezu geprägt durch phylogenetische Erfahrung. Ein bedeutsames Mittelglied zwischen beiden Auffassungen bieten – neben der genannten Urverdrängung und dem Ödipuskomplex – Freudsche Benennungen wie Urphantasie oder Urszene, in denen zentrale Erlebnisinhalte der psychosexuellen Entwicklung im Rahmen der Triebtheorie zu überindividuellen, phylogenetisch verankerten Konstanten des Unbewussten erklärt werden. Als solchen ist ihre Wirksamkeit im (ererbten) Triebleben begründet und daher vorrangig und unabhängig von konkreten Ereignissen der Lebensgeschichte zu betrachten. Im Gegensatz zu Freud umfasst das Unbewusste bei Jung jedoch auch Inhalte nichttriebhafter (verdrängter oder abgewehrter) Natur.

Die historische und anthropologische Forschung zeigt, dass bereits in archaischen Gesellschaften Methoden (teilweise auch zur Behandlung psychischer Störungen) angewendet wurden, in denen Suggestion, also die Beeinflussung vor- oder unbewusster Prozesse, eine entscheidende Rolle spielt. Beispiele dafür sind etwa der Schamanismus, der Exorzismus, „Geistiges Heilen" und religiöse Riten.

Gemeinsam ist diesen „magischen" Behandlungsformen in der Regel die Annahme einer ‚unsichtbaren Welt' hinter der sichtbaren Alltagswelt, die als Quelle einer geheimen Kraft angesehen wird. Eine solche Annahme kann – in gewissem Sinne – als die früheste Form des später unter anderem von Freud angenommenen Unbewussten gelten. Den Zugang zu dieser – oft als lebensspendend betrachteten – Quelle wieder neu zu erschließen, erachteten die Heiler als maßgeblich für den Erfolg einer von ihnen durchgeführten Behandlung. Erst im 18. und 19. Jahrhundert entwickelte sich aus diesen Praktiken die erste systematische Beschäftigung mit dem Unbewussten:

Der deutsche Arzt Franz Anton Mesmer (1734–1815) war der Begründer der ersten „dynamischen Psychiatrie" (ab 1775). Wie die Heiler der außereuropäischen Kulturen ging er von heilenden Kräften aus (magnetische Ströme, Fluidum, Rapport), die der Arzt im Patienten wieder anregen könne. Diese Kräfte nannte er – in Analogie zu den zeitgenössischen Entdeckungen auf dem Gebiet der Elektrizität – „tierischen Magnetismus".

Sein Schüler, der französische Artillerieoffizier Marquis de Puységur (1751–1825), entwickelte Mesmers Behandlungsform weiter zur Verabreichung eines sogenannten „magnetischen Schlafes" bzw. der „magnetischen Hypnose.

Der deutsche Arzt und Naturphilosoph Carl Gustav Carus (1789–1869), ein Freund Goethes, veröffentlichte 1846 das Buch Psyche. Zur Entwicklungsgeschichte der Seele. Dort entwickelte er die Bezeichnung des „Unbewussten" sowie des „Unbewusstseins“, wobei er diese spiritualistisch-romantisch als „göttliche Natur“ deutete.

1869 veröffentlichte Eduard von Hartmann (1842–1906) sein Buch über die Philosophie des Unbewussten, welches zur Verbreitung und Popularisierung der Bezeichnung maßgeblich beitrug.

Der französische Neurologe Jean-Martin Charcot (1825–1893) untersuchte am Hôpital Salpêtrière in Paris die „traumatischen Lähmungen“ und erkannte mit Hilfe der Hypnose, dass ihnen keine organischen Störungen zugrunde liegen können: Unter hypnotischer Suggestion ließen sich die Lähmungen beheben. Sigmund Freud arbeitete 1885–1886 vier Monate an dieser berühmten französischen Klinik.

Der französische Philosophie-Professor, Arzt und Psychotherapeut Pierre Janet (1859–1947) war der Gründer eines „neuen Systems der dynamischen Psychiatrie“ (ab 1900). Sein Werk wurde zu einer der Hauptquellen für Freud, Alfred Adler und C. G. Jung.

Als ersten starken Beleg für die Existenz des Unbewussten sah Sigmund Freud (1856–1939) den Umstand an, dass sich das Phänomen der hysterischen Lähmung, mit dem Charcot in Paris experimentiert hatte, bei vielen der Betroffenen anhand hypnotisch suggerierter Befehle zeitweilig beheben lässt, ohne dass die Probanden eine Erklärung hierfür abzugeben wüssten. Rein physiologisch bedingte Ursachen der Lähmung waren somit ausgeschlossen; es wirken Prozesse, die sich dem bewussten Denken nicht ohne weiteres mitteilen.

Nach anfänglichen Experimenten mit der bei Charcot erlernten Hypnosetechnik distanzierte er sich davon, da die suggestive Behebung psychosomatischer Symptome nicht von Dauer ist, und gründete stattdessen seine eigene Schule, die „Psychoanalyse". Deren Erfolge beruhen nach Freud zum einen auf der vernunftgemäßen Einsicht, die der Patient im Laufe der Behandlung über die Ursache seiner Erkrankung gewinnt, und zum anderen auf der Möglichkeit, das neurotische Verhalten anhand der Diagnose in therapeutisch wirksamer Weise aus eigener Kraft zu ändern. Freuds Schriften und Einsichten in die psychische Dynamik sowohl der Individuen als auch ganzer Kulturen haben unsere heutige Auffassung vom Menschen grundlegend geprägt. Zu großer Popularität gelangten vor allem die „Freud'schen Versprecher", die Freud – neben weiteren Arten von Fehlleistungen – ebenfalls als gute Belege für die Existenz unbewusster Motive und Vorgänge erachtete.

Die von Alfred Adler (1870–1937) entwickelte „Individualpsychologie" unterscheidet sich von der Psychoanalyse grundlegend durch ihre pragmatische Theorie mit der Betonung der Unteilbarkeit des Individuums und der teleologischen und sozialen Orientierung des Menschen. Mit Freud nahm Adler jedoch an, dass die frühkindlich erlebten Situationen den Lebensstil des Erwachsenen unbewusst beeinflussen. Adlers Lehre hat die Neopsychoanalyse stark mitgeprägt.

Die von Carl Gustav Jung (1875–1961) begründete „analytische Psychologie" unterscheidet sich von Freuds Psychoanalyse vor allem durch die große Bedeutung, die Jung den archetypischen Dimensionen des Unbewussten beimisst. Hierbei können Prägungen durch frühere Bezugspersonen („Imago"), wie sie zum Beispiel persönliche „Mutter–" oder „Vaterkomplexe" darstellen, mit allgemeinen Vorstellungsstrukturen verknüpft sein, die keine individuellen Erwerbungen sind, sondern dem „kollektiven Unbewussten" entstammen.

Einen allgemeinen Beleg für die Annahme eines Unbewussten fand Jung in seinen Assoziationsexperimenten. Dabei rief er Probanden einige genau festgelegte Wörter zu. Die Probanden sollten so schnell wie möglich mit dem erstbesten Einfall antworten, der ihnen in den Sinn kam. Bei diesen Experimenten fiel Jung auf, dass immer einige der von ihm vorgegebenen Wörter probandenspezifisch zu auffälligen sprachlichen oder nonverbalen Reaktionen führten. Die Assoziationen zu manchen Wörtern wurden 'gestört', waren zu langsam oder enthielten Inhalte, die auf einen konflikthaften Zusammenhang schließen ließen. (Zum Beispiel: Arzt: „Wolke" – Proband: „Luft". Aber: Arzt: „Mutter" – Proband sehr spät: „Friedhof"). Aus diesem Zusammenhang schloss Jung, dass es abseits des Bewusstseins unbewusste, oft konflikthafte Zusammenhänge gebe, die er als „Komplexe" bezeichnete.

Der französische Psychoanalytiker Jacques Lacan (1901–1981), der für die Entwicklung der Psychoanalyse in Frankreich eine zentrale Rolle spielte, widmete sich einer erneuten

Lektüre der Schriften Freuds im Lichte der strukturalistischen Methode. Lacan betonte, auch vor dem Hintergrund der Freud´schen Theorie der Fehlleistung und des Witzes, dass das Unbewusste „wie eine Sprache" strukturiert sei. Die Arbeit des Unbewussten erfolge nach linguistischen Gesetzen wie Metapher und Metonymie, Ersetzung und Verschiebung. Die entsprechenden Elemente des psychischen Geschehens nannte er Signifikanten, jedoch spiele neben dem sprachähnlich strukturierten Feld des Symbolischen auch das Imaginäre und das Reale eine zentrale Rolle im psychischen Apparat. Die eigentliche Strukturierungsleistung, und auch die psychoanalytische Kur, vollziehe sich aber auf dem Feld des Sprechens. Lacans Weiterentwicklung war vor allem für den Poststrukturalismus von prägender Bedeutung.

Freuds Grundannahme, dass durch automatische, zumeist unbewusste Abwehrmechanismen Gedanken oder Impulse, welche Angst auslösen, aus dem Bewusstsein verdrängt werden, und unbewusst weiterwirken und sich als Krankheitssymptome ausdrücken können, wird von allen tiefenpsychologischen Schulrichtungen vertreten. Auch das Freud'sche Strukturmodell der Psyche mit der Annahme von Ich, Es und Überich als unterschiedliche Persönlichkeitsanteile ist aktuell. Freuds Theorien sind immer wieder bezweifelt und grundsätzlich in Frage gestellt, modifiziert, erweitert und bestätigt worden.

Somatische Aspekte des Unbewussten erkannte und studierte Freud seinerzeit noch weniger als die offensichtlicher zurückführbaren Kopplungen an Charakter und Verhalten. Die heutige psychosomatische Medizin geht davon aus, dass aus dem Bewusstsein verdrängte Inhalte sich in körperlichen und psychischen Krankheitssymptomen ausdrücken können. In der Körperpsychotherapie wird angenommen, dass sich das Unbewusste körperlich auswirken kann und dass körperliche Beeinflussung somatischer Symptome die Gegenenden der sensorischen Nerven direkt beeinflussen könnte.

Ein Beispiel für die Anwendung dieser Grundannahme ist die Fußreflexzonentheorie. Alfred Adler beschritt hier den umgekehrten Weg, indem er Zusammenhänge zwischen physischen Defekten und daraus gegebenenfalls resultierenden psychischen Komplexen als Folge einer Überkompensation der körperlichen Schwächen vorstellte. Der Umkehrschluss, dass quasi Gedanken Körper würden heilen können, findet sich in Fachartikeln der pharmazeutischen Wissenschaften belegt als ungültig.

Stark gewandelt haben sich die Annahmen über die Inhalte des Unbewussten in den psychodynamischen Theorien. Die Verdrängung sexueller Impulse hat heute lange nicht mehr die Bedeutung wie in der ersten Hälfte des 20. Jahrhunderts. Sie beeinflusst sich unter Rückkopplung von gesellschaftlichen Entwicklungen (wie der versuchten Enttabuisierung der Sexualität) und auch ihrer nachfolgenden Gegenbewegungen. Die psychodynamischen Theorien haben ihre stärksten Erweiterungen durch Forschungen in der Entwicklungspsychologie und durch die Psychotraumatologie erfahren. Heute arbeitet die Psychoanalyse nach wie vor mit einem Mehrpersonen-Modell der psychischen Entwicklung.

Empirische Forschungen an Säuglingen und Kleinkindern und ihren Interaktionen mit den Müttern legten nahe, dass sich in frühen Bindungserfahrungen ein Selbstbild entwickelt, welches aus einer Verbindung sensorischer Erinnerungen mit körperlichen und emotionalen Erlebnissen entsteht. Solche sensorischen Erinnerungen sind später vom kognitiven Bewusstsein kaum zugänglich und beeinflussen gerade deshalb Erleben und Verhalten.

Die Entwicklungspsychologie führte dazu, dass Freud'sche Annahmen verdrängter Triebimpulse durch neue Annahmen ersetzt werden sollten oder mit Bezeichnungen ergänzt wurden, welche der Verdrängung schmerzhafter Täuschungen, etwa eines misslungenen Strebens nach Bedürfnisbefriedigung (als bildendem lernstrategischem Fehlschlag), größere Bedeutung beimessen. Dem Feststellen der Auswirkung einseitiger Erziehungsweise oder einer Überforderung durch die Eltern maß Freud seinerzeit noch weniger Aufwand an analytischer Aufarbeitung bei.

Die Psychotraumatologie geht davon aus, dass verdrängte traumatische Geschehnisse eine dramatische Auswirkung auf Selbstbild und Weltbild haben können. Frühkindliche traumatische Erlebnisse können demzufolge in einem der traumatischen Situation ähnlichen Augenblick, Panik und Hilflosigkeit auslösen.

Die Bezeichnung „unbewusst" wird auch in der psychologischen Generations-forschung verwendet. Hier meint er ein verdecktes, meist einschneidendes und traumatisches Erlebnis, das durch unterschwellige Verhaltensbeeinflussung generationsübergreifend weitergegeben werden kann, ohne dass das Ereignis selbst allgemein offen thematisiert wird. Dies kann von einzelnen Familien bis hin zu globalen Gemeinschaften jede Größenordnung sozialer Strukturen betreffen.

Die durch verdrängte Gedanken und Erfahrungen hervorgebrachten Affekte kontemplatieren wo möglich genetisch prädispositionierte Strategien der unbedingten Bedürfnisbefriedigung (Instinkt) – in Ausnahmefällen bis zur pathologischen, völligen Überlagerung des Instinkts durch den kulturell übertragenen Komplex (Erbsünde). Die Memetik geht davon aus, dass dies auch zwischen nicht verwandten Individuen möglich sein würde. Dies begründet ein von dem rein pathologisierenden Ansatz absehendes Theorem der faktisch metaphysischen Kommunikation.[198]

[198] https://de.wikipedia.org/wiki/Das_Unbewusste

22 Buchstabe V
22.1 Verhaltenstherapie

Mit Verhaltenstherapie (VT) wird ein Spektrum von Methoden im Fachgebiet der Psychotherapie bezeichnet. Diesen ist trotz zahlreicher Unterschiede hinsichtlich theoretischer Annahmen und praktischer Methoden gemeinsam, dass sie das Modell der klassischen Konditionierung als zentral für die Abläufe in der menschlichen Psyche bewerten.

Ein weiteres Merkmal verhaltenstherapeutischer Verfahren ist die Hilfe zur Selbsthilfe für den Patienten. Im Mittelpunkt steht, dem Patienten nach Einsicht in Ursachen und Entstehungsgeschichte seiner Probleme Methoden an die Hand zu geben, die ihn ermächtigen sollen, seine psychischen Beschwerden zu überwinden.

Verhaltenstherapeutische Verfahren basieren ursprünglich auf der Lerntheorie. Die Grundidee ist, dass störungsbedingtes Verhalten erlernt wurde und auch wieder verlernt werden kann, bzw. dass angemessenere Denk- und Verhaltensweisen erlernt werden können. Inzwischen wurde die Verhaltenstherapie in vielerlei Weise weiterentwickelt und in verschiedene Methoden ausdifferenziert. In der Öffentlichkeit besonders bekannte therapeutische Techniken der Verhaltenstherapie sind Konfrontationen mit auslösenden Reizen (z.B. Exposition, systematische Desensibilisierung) sowie die Verstärkung erwünschten und die Löschung unerwünschten Verhaltens.

Ursprünglich verfolgte die Verhaltenstherapie nach John B. Watson (1878–1958) im Gegensatz zu tiefenpsychologischen Verfahren ein „Black-Box-Modell", das im Wesentlichen besagt, dass innere Vorgänge für Außenstehende undurchschaubar bleiben und daher nicht analysiert werden sollten. Diese Haltung war ein Versuch, von der intuitiven Vorgehensweise der Tiefenpsychologie wegzukommen, die, wie Wolf Singer es beschreibt, von der Perspektive der 1. Person („Ich beobachte meine Gefühle") lebt und weitgehend auf Unterstellungen (Ödipuskomplex etc.) angewiesen ist. Die Verhaltenstherapie sucht die Perspektive der 3. Person („Wir schauen gemeinsam auf die Situation") und ist daher stärker an neurologisch-neurobiologischen Modellen angelehnt, bei der ein Reiz und die messbare Reaktion im Mittelpunkt stehen.

Viele Autoren beschreiben die Verhaltenstherapie als Methode, die gezielt Symptome psychischer Störungen behandeln und die Handlungsfähigkeit des Patienten erweitern soll. Tiefenpsychologische Selbsterkenntnis oder das Erkunden unbewusster seelischer Vorgänge sind dabei nicht zentral. Verhaltenstherapeutische Techniken sollen dem Klienten eine bessere Selbstregulation ermöglichen. Charakteristisch für die Verhaltenstherapie ist die Konzentration auf gegenwärtige statt auf vergangene Handlungsursachen, ohne frühere Erfahrungen in der Analyse der Problementstehung zu vernachlässigen. Somit liegt der Schwerpunkt auf beobachtbarem Verhalten und dessen Veränderung.

Die Verhaltenstherapie unterscheidet sich von der Psychoanalyse durch folgende Annahmen: Es wird davon ausgegangen, dass Verhaltensweisen erlernt und auch wieder verlernt werden können. Allerdings werden genetische Unterschiede als Ursachen von Störungen mit berücksichtigt, etwa in den so genannten Vulnerabilitäts-Stress-Modellen. Dabei wird eine ererbte Stressanfälligkeit als Voraussetzung einer Störung berücksichtigt. In ihren Annahmen über ätiologische Störungsmodelle ist die Verhaltenstherapie nur begrenzt bestimmten Theorien verpflichtet und kann daher neue empirische Erkenntnisse in ihre Modelle und Theorien integrieren.

Daraus folgt, dass problematisches Verhalten in erster Linie als Ergebnis von Lernprozessen gesehen und durch die Verwendung von Verhaltens- und Lernprinzipien verändert werden soll. Entscheidend ist hierfür eine genaue Verhaltensanalyse zur Bestimmung der augenblicklichen Ursachen eines problematischen Verhaltens. Die Behandlungsstrategien werden sodann individuell auf die Probleme des Patienten angepasst. Um Veränderungen zu bewirken, ist es nicht zwangsläufig notwendig, die Ursprünge des psychologischen Problems genau zu ergründen. Gerade bei gut definierten, weniger komplexen psychischen Störungen zeigt sich eine gute Wirksamkeit.

Da sich eine Vielzahl verschiedener verhaltenstherapeutischer Methoden entwickelt haben, gibt es nicht ein einziges verhaltenstherapeutisches Standardverfahren. Üblicherweise steht jedoch am Beginn einer verhaltenstherapeutischen Behandlung eine Verhaltens- und Problemanalyse, in der die Probleme des Patienten in Abhängigkeit zu ihren aufrechterhaltenden Bedingungen und im Hinblick auf ihre Konsequenzen untersucht werden. Ein weit verbreitetes Vorgehen ist dabei die Verhaltensanalyse nach Frederick Kanfer, das so genannte SORKC-Modell.

Diese Verhaltensanalyse bezieht neben der Untersuchung von Reiz-Reaktions-Zusammenhängen meist auch Gefühle, Gedanken und körperliche Prozesse mit ein. Zudem umfasst sie auch Einflüsse des erweiterten Umfelds des Patienten, wie zum Beispiel das Verhalten von Familienangehörigen, Arbeitskollegen, Freunden und Bekannten. In der Zielanalyse werden die Therapieziele gemeinsam mit dem Patienten entwickelt, wobei darauf geachtet wird, ob die Ziele realistisch zu erreichen sind und nach der Therapie aufrechterhalten werden können. Die Therapie mündet schließlich oft in einen Therapievertrag, in dem Patient und Therapeut sich gegenseitig zusichern, welche Aufgaben sie während der Therapie jeweils übernehmen.

Moderne und differenziertere Formen der Verhaltenstherapie berücksichtigen neben den im o.g. SORKC-Modell beschriebenen Aspekten auch die Ebene der Pläne und Systemregeln. Ein weiteres Analysefeld ist die Therapeut-Klient-Beziehung, der heutzutage mehr Platz als in den Anfängen der Verhaltenstherapie eingeräumt wird. Nach der Verhaltensanalyse/Problemanalyse erfolgt gemeinsam mit dem Patienten die Bestimmung und Konkretisierung der Therapieziele, aus denen der Therapeut die einzusetzenden Interventionen auswählt und in Rücksprache und mit Zustimmung des Patienten einsetzt.

Im Rahmen einer konkreten Therapie können verschiedene verhaltenstherapeutische Verfahren eingesetzt werden, die sich auf die Verhaltens- und Zielanalyse beziehen. Übergeordnetes Prinzip ist dabei die Hilfe zur Selbsthilfe. Das heißt, der Patient soll in der Therapie lernen, mit dem eigenen Leben (wieder) selbst zurechtzukommen. Die aus der Gesprächspsychotherapie bekannten therapeutischen Basisvariablen wie Echtheit, Empathie und uneingeschränktes Akzeptieren des Patienten sind ein wichtiger Aspekt.

Darüber hinaus achtet der Therapeut in der Regel auch auf eine komplementäre Beziehungsgestaltung, wie bei Klaus Grawe beschrieben. Ein weiterer wichtiger Schritt, der neben dem Einsatz von Interventionsmethoden bedacht werden muss, ist der Aufbau einer therapeutischen Allianz bzw. von Veränderungsmotivation. Nach dem Einsatz der eigentlichen Interventionen wird ein Evaluationsprozess durchlaufen, in dem der Erfolg der durchgeführten Methoden überprüft wird. Diese ganzen Analyse- und Interventionsschritte werden in der therapeutischen Praxis nicht strikt getrennt voneinander durchgeführt, sondern bedingen sich gegenseitig und werden in einem Feedbackprozess immer wieder von neuem durchlaufen.

22.2 Voodoo-Effekt

Siehe Nocebo-Effekt

23 Buchstabe W

---

24 Buchstabe X

---

25 Buchstabe Y

25.1 Yager-Therapie

Die Yager-Therapie ist eine von Dr. Edwin Yager in den USA entwickelte und klinisch getestete Therapiemethode, die in ihrer Effektivität der klinischen Hypnose in nichts nach steht. Die von Dr. Yager in seinem Institut (Subliminal Therapy Institute), sowie in weltweiten Studien erhobenen Zahlen zeigen, dass die Yager-Therapie sowohl bei Angsterkrankungen und Phobien, als auch bei Depressionen oder psychosomatischen Erkrankungen, hohe Erfolgschancen aufweist. Besonders gut dokumentiert ist die erstaunliche Wirkungsweise bei chronischen Schmerzen und Suchterkrankungen. Durch eine umfangreiche theoretische und praktische Prüfung zertifiziert, wenden wir am Institut für angewandte Tiefenhypnose die Yager-Therapie (Subliminal Therapie) erfolgreich an und können Ihnen somit, in Ergänzung zur klinischen Hypnose, zusätzlich eine sehr effektive Therapiemethode anbieten.

Insbesondere in der westlichen Welt, wächst der Mensch mit dem Verständnis auf, dass der wesentliche Teil des Geistes, das logische, rationale Denken ist. Daher benutzen wir diesen, als Verstand bezeichneten Teil unseres Geistes, fast ausschließlich, selbst unter jenen Umständen, bei dem er uns offensichtlich nicht helfen kann. Wir sind so sehr davon überzeugt bzw. konditioniert, dass unser Geist quasi unserem Verstand entspricht oder zumindest der einzig wichtige Teil dessen ist, dass wir häufig lieber ein Problem (z.B. Erkrankung) als unlösbar bezeichnen, als zuzugeben, dass wir bisher lediglich das falsche „Werkzeug" (Verstand) benutzt haben. Dabei entsprechen die Fähigkeiten unseres Verstandes nur einem verschwindend kleinen Teil der Gesamtleistung, d.h. der gesamten Fähigkeiten, unseres Geistes. Hinzu kommt, dass wir zudem häufig auch noch über die Funktionsweise des Verstandes fehlinformiert sind und seine Fähigkeiten deshalb überbewerten.

Die Yager Therapie nutzt durch einen erstaunlich einfachen Ablauf, den Teil unseres Geistes, mit dem wir alle geboren werden, den wir aber nicht zu nutzen gelernt haben. In diesem Teil liegen Fähigkeiten verborgen, die wir zwar logisch nicht erklären können, die aber nachweislich existieren, da die Yager-Therapie ansonsten nicht erfolgreich wäre.

Jeder besitzt unbewusste, mentale Fähigkeiten, die in allen Menschen vorhanden sind, aber eben nur sehr selten genutzt werden. Die Yager-Therapie ermöglicht es dem Klienten nun, genau diese geistigen Fähigkeiten und Ressourcen zu nutzen, um die Ursache(n) eines Problems zu erkennen und zu lösen, ähnlich wie bei der Hypnoanalyse, nur auf einer vollkommen unbewussten Ebene, quasi im Hintergrund. Dazu werden drei mentale Instanzen, das (Wach)-Bewusstsein, das Unterbewusste und das höhere Bewusstsein genutzt.

An Hand eines strukturierten Vorgehens kommuniziert der Therapeut mit dem höheren Bewusstsein des Klienten. Um den Ablauf einfacher zu gestalten, wird das höhere Bewusstsein während der Therapie mit „Zentrum" angesprochen. Der Therapeut stellt dem Zentrum des Klienten nun verschiedene Fragen zum Problem bzw. beauftragt es in unterschiedlicher Art und Weise, das Problem ursächlich zu lösen. Das Zentrum kommuniziert dabei, z.B. über innere Bilder, mit dem Klienten und übermittelt ihm auf diese Weise die Antworten. Da der Therapeut diese inneren Bilder nicht sehen kann, fungiert der Klient quasi als Übersetzer.

Klinische Hypnose und Yager-Therapie ergänzen sich hervorragend. Überall dort, wo ursachenaufdeckende Hypnosetherapie nicht angewendet werden kann, kann durch den Einsatz der Yager-Therapie ein Behandlungsabbruch vermieden werden. Unterscheiden tun sich beide Therapiemethoden durch den unterschiedlichen Weg, die Ursache eines Problems zu lösen. Während bei der Yager Therapie die Heilung quasi im Hintergrund stattfindet, wird bei der Hypnosetherapie, z.B. in Form der Altersregression, die ursächliche Lebenssituation identifiziert und dann durch erneutes Durchleben geheilt. Für den Klienten kann Hypnosetherapie anstrengender sein; die Art der Heilung ist für den Verstand aber greifbarer bzw. nachvollziehbarer. Die Yager-Therapie ist schonender und die Sitzungen dauern im Vergleich zur Hypnosetherapie häufig nicht so lange. Dafür ist es für den Verstand des Klienten i.d.R. nicht nachvollziehbar, was passiert ist.[199]

[199] https://hypno-institut.com/yager-therapie/#toggle-id-1

25.2 Yin - Yang

Yin und Yang (chinesisch 陰陽 / 阴阳, Pinyin yīn yáng) sind zwei Begriffe der chinesischen Philosophie, insbesondere des Daoismus. Sie stehen für polar einander entgegengesetzte und dennoch aufeinander bezogene Kräfte oder Prinzipien. Ein weit verbreitetes Symbol des Prinzips ist das Taijitu ☯, in dem das weiße Yang (hell, hart, heiß, männlich, aktiv, Bewegung) und das schwarze Yin (dunkel, weich, kalt, weiblich, passiv, Ruhe) gegenüberstehend dargestellt werden.

Die ursprüngliche Bedeutung der beiden Zeichen ist nicht gesichert. Im Shuowen jiezi bedeutet 陰 (yīn) „dunkel", „Südufer eines Flusses" und „Nordhang eines Berges"; alle Verwendungen deuten auf die Grundbedeutung „schattig, schattiger Ort". 陽 (yáng) bedeutet „sonnige Anhöhe". Diese Bedeutungen sind auch für die ältesten bekannten Vorkommnisse der Zeichen Yin und Yang auf Orakelknochen (etwa 16.-11. Jh. v. Chr.) anzusetzen.

Die Zeichen finden sich auch im Yijing („Buch der Wandlungen"), das in die Zeit der westlichen Zhou-Dynastie (etwa 1045–770 v. Chr.) datiert wird. Sie haben dort nur die alltägliche Bedeutung. Die Interpretation des „Buches der Wandlungen" mithilfe einer ausgebildeten Yin-Yang-Lehre ist wesentlich jünger als das Yijing. Im daoistischen Zhuangzi ist die Entwicklung der beiden Worte vom alltäglichen Gebrauch zu einem umfassenderen Verständnis als polaren Naturkräften bis zu Yin und Yang als dem Ursprung aller Dinge ablesbar.

Daneben gibt es auch Versuche, die Grundbedeutung der Zeichen als „das Männliche" und „das Weibliche" zu verstehen. Für den volkstümlichen, nichtphilosophischen Zeichengebrauch bietet das Shijing („Buch der Lieder") Belege.

Die beiden Begriffe des Yin und des Yang genau zu definieren, gestaltet sich schwierig, da sie in der klassischen Literatur für unterschiedlichste Dinge verwendet werden und auch dort keine genaue Definition existiert.

Eine allgemeine Definition bietet Roger T. Ames.

> "Yin and Yang are terms used to express a contrastive relationship that obtains between two or more things."
>
> „Yin und Yang sind Begriffe, mit denen eine gegensätzliche Beziehung zwischen zwei oder mehr Dingen ausgedrückt wird."

Am einfachsten werden die beiden Begriffe noch bei ihrer frühesten historischen Erwähnung umschrieben, im I Ging (Buch der Wandlungen). Darin werden Yang und Yin mit den Adjektiven stark und schwach, gleich und ungleich, sowie männlich und weiblich in Verbindung gebracht. Dieses verallgemeinerte sich später zur Vorstellung, Yin und Yang wären die Begriffe für das Weibliche und Männliche und danach noch allgemeiner für Polarität an sich.

Sich allein auf den Bedeutungsaspekt von Weiblich und Männlich zu beschränken, greift zu kurz, da Yin und Yang für weitaus mehr Begriffspaare verwendet werden können. Vielmehr stehen beide Begriffe für ein Gegensatzpaar, das den Begriffen „gebend" und „empfangend" bzw. „aktiv" und „passiv" entspricht. Dabei steht dann Yin für passiv und Yang für aktiv.

Das Verhältnis von Yin und Yang ist nicht mit dem Gegensatz von Gut und Böse zu vergleichen: „Es ist vielmehr ein relativer Gegensatz rhythmischer Art, der zwischen zwei rivalisierenden, doch zusammengehörigen Gruppen besteht, die ebenso wie Geschlechterverbände komplementär sind und die sich wie diese bei der Arbeit ablösen und wechselweise in den Vordergrund treten."

Yin und Yang bezeichnen „Gegensätze" in ihrer wechselseitigen Bezogenheit als eine Gesamtheit, einen ewigen Kreislauf. Daher können sie zur Erklärung von Wandlungsvorgängen und Prozessen und zur Darstellung der gegenseitigen Begrenzung und Wiederkehr von Dingen benutzt werden.

Yin und Yang steigen und sinken immer abwechselnd. Nach einer Hochphase des Yang folgt zwingend ein Absinken von Yang und ein Ansteigen von Yin und umgekehrt

> „Das Urprinzip bewegt sich und erzeugt Yang. Wenn die Bewegung ihr Ende erreicht, so wird sie still, und diese Stille erzeugt Yin. Wenn diese Stille ihr Ende erreicht, dann geht sie wieder in Bewegung über. So haben wir abwechselnd bald Bewegung, bald Ruhe. Sie beide bilden zusammen die Basis, von der aus durch

> Abtrennung Yin und Yang entstehen und auf der die beiden Modi ruhen."
>
> (Alfred Forke)

Diese Vorstellung gehört zu einer volkstümlichen beziehungsweise für das Volk bestimmten Ethik des mittleren Maßes: So sollte das Volk in guten Zeiten nicht überschwänglich agieren und z.B. eine gute Ernte für schlechte Zeiten lagern. In schlechten Zeiten sollte im Volk Hoffnung erweckt werden, dass nach der Yin-Yang-Lehre nach diesen schlechten Zeiten auch zwingend wieder gute folgen werden.

Die Wandlung von Yin und Yang stellt neben diesen Handlungsweisungen nach den altertümlichen Astronomen auch noch den Grund dar, warum Naturereignisse so ablaufen, wie sie ablaufen, aber auch warum diese Naturereignisse zu einem bestimmten Sozialverhalten führen. So sind Yin und Yang und deren Wandlung sowohl der Grund für den Wandel der Jahreszeiten wie für das Verhalten der Menschen, die sich an dem Wechsel der Jahreszeiten ausrichten.

Yin und Yang können nicht gleichzeitig ansteigen oder absinken. Wenn Yang sich vergrößert, verringert sich Yin und umgekehrt.

In der chinesischen Philosophie waren Yin und Yang zwar von Anfang an bekannt, spielten aber zunächst keine bedeutende Rolle. Bei den konfuzianischen Klassikern finden sich die beiden Zeichen nur bei Xunzi (Kapitel 9 und 17). In späterer Zeit gewannen sie in einzelnen philosophischen

Schulen die zentrale Rolle eines universalen Prinzipienpaars, zuerst im 3. Jahrhundert v. Chr. bei Zou Yan, der als Begründer der Schule der Naturalisten bzw. der Yin-Yang-Schule (Yinyangjia, 陰陽家) gilt, und dann besonders im Neokonfuzianismus.[200]

[200] https://de.wikipedia.org/wiki/Yin_und_Yang

26 Buchstabe Z

Index

Empfehlungen des Verlags

Thomas A. M. Windelschmidt

Das wichtigste Wort zum gesund & glücklich sein: Danke!

Mit Vorworten von Claudia Appel und Richard Neubersch

Das "Danke" ist nach Einschätzung des Autors das wichtigste Wort zum gesund und glücklich sein. Diese Aussage begründet der Autor nachvollziehbar im vorliegenden Buch.

Das Unterbewusste (Unterbewusstsein) steuert nicht nur das vegetative Nervensystem und fast alle Körperfunktionen, sondern es greift massiv in das Denken, Fühlen und Erleben des Menschen ein. Das Bewusstsein ist mit der Spitze eines Eisbergs vergleichbar, auch wenn man als Mensch „glaubt", alles mit dem Ego „im Griff zu haben". Wenn man weiß, wie man das Unterbewusste zielorientiert positiv beeinflussen kann, ist es möglich, das eigene Erleben, also sein Schicksal, unter einem neuen Blickwinkel zu sehen und das Leben als Geschenk anzunehmen. Warum hierfür das Wort „Danke" ein zentraler Baustein ist und wie man seinen eigenen Weg in eine positive Lebenseinstellung finden kann, erläutert der Autor in diesem MUTMACHBUCH.

Weitere Infos: seelencoaching.de und omniavision.de

ISBN Hardcover	978-3-96565-000-8	€ 24,99
ISBN Paperback	978-3-96565-001-5	€ 17,99
ISBN Epub	978-3-96565-002-2	€ 14,99
ISBN Mobi	978-3-96565-003-9	€ 14,99

Thomas A. M. Windelschmidt

Die Wahrheit über Ihre innere Macht: SUM ERGO CREO

Halten Sie es für möglich, dass man als Mensch schöpferisch tätig ist, egal ob man es weiß oder nicht? Oder ist für Sie der "Stand der Wissenschaft" in Stein gemeißelt und das heutige Wissen "unantastbar"? Man sollte sich in jedem Fall klarmachen, dass das, was die "offizielle" Wissenschaft sagt, bereits seit der Antike einem stetigen Wandel unterzogen war. Das, was zu Zeiten von Sokrates und Plato Stand der Wissenschaft war, galt nur eine bestimmte Zeit, genauso wie das "Wissen" der Physiker und Mediziner z.B. zu Beginn des 20. Jahrhunderts. Auch das, was heute zu Beginn des 21. Jahrhunderts als "Wissen" proklamiert wird, wird in weniger als 100 Jahren "neuem Wissen" gewichen sein. Und genau darum hält es der Autor mit Sokrates, der sagte: "Ich weiß, dass ich nicht weiß!"

Eventuell wird die Vorstellung des Autors "SUM ERGO CREO = Ich bin, also erschaffe ich" irgendwann überholt sein, aber Stand heute ist der Autor davon überzeugt, dass es sich für Sie lohnen kann, diese Idee auf den Prüfstand zu stellen.

Weitere Infos: sum-ergo-creo.de und omniavision.de

ISBN Hardcover	978-3-96565-004-6	€ 24,99
ISBN Paperback	978-3-96565-005-3	€ 17,99
ISBN Epub	978-3-96565-006-0	€ 14,99
ISBN Mobi	978-3-96565-007-7	€ 14,99

Thomas A. M. Windelschmidt
Claudia Appel

Reframingcoaching
Unterbewusstes bewusst
auflösen

Mit einem Vorwort von
Andreas Winter

Leiden Sie unter Krankheiten, Erfolgsblockaden oder "falschen" Glaubenssätzen? Sind Sie auf der Suche nach sich selbst, Ihrer Persönlichkeit, Ihrer Berufung, Ihrem Lebenssinn? Erleben Sie immer die gleichen (meist als unangenehm empfundenen) Situationen? Machen Sie fortwährend ähnliche negative Erfahrungen in Ihrer Partnerschaft, im Beruf, im Freundeskreis, ohne zu wissen, warum Sie evtl. immer die gleichen Fehler machen und sich ungewollte Erfahrungen (z.B. Geldverlust, Geldmangel, falsche Freunde) wiederholen? Mit dem Reframingcoaching können Sie eine Herangehensweise kennenlernen, mit der es möglich ist, im Unterbewusstsein verankerte Strukturen, die zu Symptomen, Krankheiten und immer gleichen Erfahrungen führen können, zu erkennen und aufzulösen. Es darf Sie nicht überraschen, wenn sich Ihr Leben sehr stark ändert und Ihnen neue Türen offenstehen.

Weitere Infos: reframingcoaching.de und omniavision.de

ISBN Hardcover	978-3-96565-008-4	€ 29,99
ISBN Paperback	978-3-96565-009-1	€ 21,99
ISBN Epub	978-3-96565-010-7	€ 17,99
ISBN Mobi	978-3-96565-011-4	€ 17,99

Thomas A. M. Windelschmidt

Omniatherapie
Gesundheit & Glück durch
Verstehen & Versöhnung Bd. I

Mit einem Vorwort von
Vera Brandes und Dieter Broers

Das Reframingcoaching konnte vielen Menschen helfen, Dinge aufzulösen, die im Hier und Jetzt belastend waren und zu Konsequenzen (Symptomen) geführt haben. Im Laufe der Zeit haben komplexere „Herausforderungen" dazu geführt, dass eine Ergänzung des Konzepts zielführend war. Wenn z.B. eine Frau nicht schwanger wird, kann man überlegen, dass psychische Blockaden eine Rolle spielen. Und wenn z.B. ein Missbrauch in der Familie vorliegt, dann verlangt dies nach Erfahrung des Autors zu einer Analyse der Familienkonstellation und einer liebevollen Auflösung der belastenden Energien.

Band I: Medizinische Historie, physische und psychische Heilansätze, physikalische und biologische Hintergründe, Betrachtung von Gesundheit, Krankheit und Symptomen, die Trinität von Körper, Geist und Seele, die Psyche, Bewusstsein und Unterbewusstes, sowie Traumata.

Weitere Infos: omniatherapie.de und omniavision.de

ISBN Hardcover	978-3-96565-012-1	€ 24,99
ISBN Paperback	978-3-96565-013-8	€ 17,99
ISBN Epub	978-3-96565-014-5	€ 14,99
ISBN Mobi	978-3-96565-015-2	€ 14,99

Thomas A. M. Windelschmidt

**Omniatherapie
Gesundheit & Glück durch
Verstehen & Versöhnung Bd. III**

In drei Bänden finden Sie eine Herleitung des Konzepts der Omniatherapie. Dem Autor ist es wichtig, dass er die Herangehensweise und die Entwicklung seiner Vorgehensweise dezidiert herleitet und erläutert, damit die Omniatherapie für Sie „greifbar" wird.

Band III: Religion, Glaube und Vertrauen, Leben und Tod, Karma, Beten, systemische Hintergründe, Affirmationen und Suggestionen, Hypnose und Trance, Reframing in der Omniatherapie, Voraussetzungen, die 30 Stufen der Omniatherapie, technische Hilfsmittel und Anwendungsgebiete

Weitere Infos: omniatherapie.de und omniavision.de

ISBN Hardcover	978-3-99072-020-2	€ 24,99
ISBN Paperback	978-3-96565-021-3	€ 17,99
ISBN Epub	978-3-99072-022-6	€ 14,99
ISBN Mobi	978-3-99072-023-3	€ 14,99

Thomas A. M. Windelschmidt

Siegersystem
Gewinnen ist Bauchsache
Bd II: Anwendung & Umsetzung

Während in Band I zum Siegersystem einige theoretische Hintergründe erläutert wurden, erfährt der Leser in Band II, wie die 66 Schritte des Siegersystems aussehen und welche technischen Hilfsmittel eingesetzt werden können, um den "eigenen" Weg zu finden und zu gehen. Konkrete Tipps und Empfehlungen helfen dem Leser, nicht nur den ersten Schritt zu unternehmen, sondern sich sukzessive seiner "eigenen Meisterschaft" anzunähern.

Denn denken Sie immer daran: Sie sind Ihres Glückes Schmied, Sie sind "Chef" Ihres Lebens, Sie ganz allein können für sich entscheiden, zu den "Gewinnern" zu gehören und Ihr Leben als Geschenk zu erkennen und anzunehmen. Jetzt in diesem Moment, in welchem Sie diese Zeilen lesen, haben Sie die Chance, Ihre Lebenskarten neu zu mischen und ab sofort das Leben zu führen, das Sie schon immer führen wollten. Sie ganz allein sind verantwortlich für Ihr Leben.

Weitere Infos: siegersystem.de und omniavision.de

ISBN Hardcover	978-3-96565-028-2	€ 24,99
ISBN Paperback	978-3-96565-029-9	€ 17,99
ISBN Epub	978-3-96565-030-5	€ 14,99
ISBN Mobi	978-3-96565-031-2	€ 14,99

Thomas A. M. Windelschmidt

"Der Counselor"
Programmierung des Unterbewussten zur positiven Zielorientierung Bd. II

In Band I zu "Programmierung des Unterbewussten zur positiven Zielorientierung" wurde folgende Kernaussage hergeleitet und erläutert:

- "Du bist, was Du denkst, also denke doch, was Du willst!"

In Band II kommen Menschen zu Wort, die in ihrem Bereich besonders erfolgreich waren oder sind. Die Gesprächspartner haben z.T. sehr unterschiedliche Historien und waren oder sind in verschiedenen Bereichen erfolgreich, z.T. im Sport, z.T. Im Geschäftsleben, aber auch in den Bereichen Wissenschaft, Kunst oder Kultur.

Diese Menschen, die im vorliegenden Buch zu Wort kommen, kennenzulernen und ihr "Warum?" und ihre intrinsische Motivation kennenlernen, war eine große Freude.

Weitere Infos: der-counselor.de und omniavision.de

ISBN Hardcover	978-3-96565-036-7	€ 24,99
ISBN Paperback	978-3-96565-037-4	€ 17,99
ISBN Epub	978-3-96565-038-1	€ 14,99
ISBN Mobi	978-3-96565-039-8	€ 14,99

Thomas A. M. Windelschmidt

Submediation
Konflikte "über" das Unterbewusste lösen

Mit einem Vorwort von Hans-Joachim Pohlmann

Unter Mediation versteht man eine Vermittlung zwischen Parteien mit Hilfe eines Mediators, um Meinungsverschiedenheiten, Streitigkeiten oder Konflikte zu lösen. Eine "übliche" Mediation versucht auf der Verstandesebene (Ratio) zu einer Win-Win-Lösung zu kommen. Demgegenüber strebt die Submediation (Subconscious-Mediation) eine grundsätzliche Lösung über das Unterbewusste der Beteiligten an, d.h. es werden auf der Ebene des Unterbewussten die wahren, verborgenen Hintergründe von Dissonanzen und Problemen gesucht und analysiert, um sie gemeinsam mit der jeweiligen Person zu erkennen, zu verstehen und aufzulösen. Der herausragende Vorteil der Submediation liegt darin, dass man nicht versucht, durch „noch akzeptable" Kompromisse eine „Muss"-Einigung zu erreichen, sondern dass man über das „Dürfen" zu einem „Wollen" findet, d.h. das Unterbewusste (emotionale Muster, Blockaden, Glaubenssätze) steht nicht mehr im Weg.

Weitere Infos: submediation.de und omniavision.de

ISBN Hardcover	978-3-96565-040-4	€ 29,99
ISBN Paperback	978-3-96565-041-1	€ 21,99
ISBN Epub	978-3-96565-042-8	€ 17,99
ISBN Mobi	978-3-96565-043-5	€ 17,99

Thomas A. M. Windelschmidt

Wörterbuch 1: A-J

Dieses Wörterbuch enthält Inhalte aus Fachbüchern und dem Internet zur Erläuterung von Begriffen aus den Bereichen Medizin, Psychologie, Physik, Medizin und Biologie u.a. in folgenden Büchern

- ✓ Das wichtigste Wort zum gesund & glücklich sein: Danke!
- ✓ Die Wahrheit über Ihre innere Macht: SUM ERGO CREO
- ✓ Reframingcoaching: Unterbewusstes bewusst auflösen
- ✓ Omniatherapie: Gesundheit & Glück durch Verstehen & Versöhnung
- ✓ Siegersystem: Gewinnen ist Bauchsache
- ✓ "Der Counselor": Programmierung des Unterbewussten zur positiven Zielorientierung
- ✓ Submediation: Konflikte „über" das Unterbewusste lösen

Das Buch wird vom Autor subventioniert und als pdf-Download sogar kostenlos angeboten., siehe omniatherapie.de und omniavision.de.

Weitere Infos::omniatherapie.de und omniavision.de

ISBN Hardcover	978-3-96565-044-2	€ 15,99
ISBN Paperback	978-3-96565-045-9	€ 9,99
ISBN Epub	978-3-96565-046-6	€ 4,99
ISBN Mobi	978-3-96565-047-3	€ 4,99

Thomas A. M. Windelschmidt

Wörterbuch 2: K-P

Dieses Wörterbuch enthält Inhalte aus Fachbüchern und dem Internet zur Erläuterung von Begriffen aus den Bereichen Medizin, Psychologie, Physik, Medizin und Biologie u.a. in folgenden Büchern

- ✓ Das wichtigste Wort zum gesund & glücklich sein: Danke!
- ✓ Die Wahrheit über Ihre innere Macht: SUM ERGO CREO
- ✓ Reframingcoaching: Unterbewusstes bewusst auflösen
- ✓ Omniatherapie: Gesundheit & Glück durch Verstehen & Versöhnung
- ✓ Siegersystem: Gewinnen ist Bauchsache
- ✓ "Der Counselor": Programmierung des Unterbewussten zur positiven Zielorientierung
- ✓ Submediation: Konflikte „über" das Unterbewusste lösen

Das Buch wird vom Autor subventioniert und als pdf-Download sogar kostenlos angeboten., siehe omniatherapie.de und omniavision.de.

Weitere Infos::omniatherapie.de und omniavision.de

ISBN Hardcover	978-3-96565-048-0	€ 15,99
ISBN Paperback	978-3-96565-049-7	€ 9,99
ISBN Epub	978-3-96565-050-3	€ 4,99
ISBN Mobi	978-3-96565-051-0	€ 4,99

Thomas A. M. Windelschmidt

GELD: Historie, Probleme im Status quo und Lösungsansätze

Mit Vorworten von
Andreas Popp, Helmut Creutz
und Prof. Dr. Hans J. Bocker

Jeder denkt zu wissen, was „Geld" ist. Fast jeder meint, eine Ahnung zu haben, wie das Geldsystem funktioniert. Und einige sind sich sicher, zu wissen, wie das Finanz- und Wirtschaftssystem aufgebaut ist, wer es steuert und wie es beeinflusst werden kann. Aber stimmt das?

Warum gibt es dann Wirtschaftskrisen? Warum geht die Schere zwischen arm und reich auseinander? Warum gibt es wenige Familien, die 80% des weltweit verfügbaren Kapitals beherrschen, und viele Menschen, die an der Armutsgrenze leben? Warum muss immer mehr produziert werden, nur um bestehende Schulden abzutragen? Wie ist es erklärbar, dass sich ein Staat in seiner eigenen Währung verschulden kann/muss?

Dem Autor gelingt es mit diesem Buch, etwas Licht ins Dunkel zu bringen und komplizierte Sachverhalte in einfachen Worten nachvollziehbar darzustellen, warum "Geld", so wie es konzipiert ist, auf Dauer gar nicht funktionieren „kann".

ISBN Hardcover	978-3-96565-056-5	€ 29,99
ISBN Paperback	978-3-96565-057-2	€ 21,99
ISBN Epub	978-3-96565-058-9	€ 17,99
ISBN Mobi	978-3-96565-059-6	€ 17,99

Thomas A. M. Windelschmidt

Space Commercialization

Since Jules Verne published his novel "De la Terre à la Lune" in 1965, people are dreaming of entering space. Yuri Alexeyevich Gagarin was the first man in orbit on 12 April 1961 - according to official statements - and Neil Alden Armstrong is said to have been the first person to set foot on the moon on July 21, 1969. Since then, technical development has brought rapid progress. Rumors are spreading about secret technologies enabling man to even visit Mars. Space travelling fueled the genre of science fiction films and has since been the dream of many. Plans exist to make them come true and to enable earthlings to morph into real world space explorers. The commercialization of space is no longer a future vision, but an up and coming industry with non-fictious potentials. In addition to the US American NASA and the European ESA, other countries and private companies are pursuing ambitious goals. Creating a legal base for these adventurous endeavours was a mandatory step, resulting into agreements like the Moon Treaty. In this book, the author presents the historicalprocess, delivers explanations in regards to the status quo and dares to look into the future. Let yourself be carried away into a time that can offer a lot of excitement and let your imagination run wild. The future is just around the corner.

Nur auf Anfrage direkt beim Autor für € 149,-- erhältlich.